内蒙古自治区规划办基地课题：《内蒙古城市文化内涵挖掘与形象构建策略研究》，项目号：2018ZJD004

包头社科联课题：《包头市城市文化内含挖掘与城市形象构建策略研究》，项目号：2018-yy10

| 光明社科文库 |

城市文化载体与城市文化形象构建

——内蒙古城市群文化形象研究

边　坤◎著

光明日报出版社

图书在版编目（CIP）数据

城市文化载体与城市文化形象构建：内蒙古城市群
文化形象研究 / 边坤著 . -- 北京：光明日报出版社，
2022.3

ISBN 978 - 7 - 5194 - 6482 - 0

Ⅰ.①城… Ⅱ.①边… Ⅲ.①城市群—城市文化—研
究—内蒙古 Ⅳ.①G127.26

中国版本图书馆 CIP 数据核字（2022）第 036875 号

城市文化载体与城市文化形象构建：内蒙古城市群文化形象研究
CHENGSHI WENHUA ZAITI YU CHENGSHI WENHUA XINGXIANG
GOUJIAN：NEIMENGGU CHENGSHIQUN WENHUA XINGXIANG YANJIU

著　　者：边　坤

责任编辑：史　宁　　　　　　　责任校对：刘浩平
封面设计：中联华文　　　　　　责任印制：曹　净

出版发行：光明日报出版社
地　　址：北京市西城区永安路 106 号，100050
电　　话：010-63169890（咨询），010-63131930（邮购）
传　　真：010 - 63131930
网　　址：http：// book. gmw. cn
E - mail：gmrbcbs@ gmw. cn
法律顾问：北京市兰台律师事务所龚柳方律师

印　　刷：三河市华东印刷有限公司
装　　订：三河市华东印刷有限公司
本书如有破损、缺页、装订错误，请与本社联系调换，电话：010-63131930

开　　本：170mm×240mm
字　　数：160 千字　　　　　　印　　张：11
版　　次：2023 年 1 月第 1 版　　印　　次：2023 年 1 月第 1 次印刷
书　　号：ISBN 978 - 7 - 5194 - 6482 - 0
定　　价：85.00 元

序

"文化"的概念最早出现在《易传》中："刚柔交错，天文也；文明以止，人文也。观乎天文，以察时变，观乎人文，以化成天下。""人文"与"天文"相对，天文指天道自然，人文则指社会人伦，泛指人类文明。文化是一种社会现象，是经过人类长期创造而形成的产物，也是人类生产、生活、精神活动等留存的结果。社会发展到一定程度后，文化形成了长时间的积淀，广泛影响人类的社会行动，并进一步演化为社会理想、生命理想和精神理想。

城市是文化积淀的产物，是在特定地域自然环境下形成的社会价值观念、文化习俗、集体审美等共有观念。不同的地域培育了不同的独特的文化样式。本书书名既表明了研究的内容，又反映了研究的对象——内蒙古城市群。内蒙古地区城市历经70余年的快速发展，目前已形成由9个地级市、3个盟、11个县级市共同组成的城市架构。

草原文化就是内蒙古自治区最大的特色，它记载着历史变迁与精神信仰，这些文化深深植根于人民的思想之中，贯穿于生活的方方面面。其独特的宗教文化、生活方式、建筑文化、生态自然观等都成为地域城市形象的灵魂所在，体现着地域城市精神风貌与公众的价值观。

时代的快速发展给人类社会带来了前所未有的变化，大数据、人工智能、物联网等技术革命为全世界带来了时代发展的契机，这种冲击自然也给城市建设的发展提出了新需求，城市形象建设在演化为城市物质环境建设与文化环境建设并进的同时，融入了战略性、综合性与实践性的设计思维，每一位城市的设计者与建设者都应持学习的姿态，在传承与创新发展草原文化的基础上，探索城市形象构建的新角度、新方法，创造城市新形象。

　　作者站在城市文化的角度深入剖析了构成城市形象的各种因素，有效地结合呼、包、鄂（呼和浩特、包头、鄂尔多斯）三座城市的现实情况，利用自身理论与实践研究的积累进行研究，最终将成果成书出版，为内蒙古城市文化建设作出了探索与贡献，特以此为序。

中国美术学院　赵阳教授
2021 年 7 月 5 日于西子湖畔

前　言

　　城市学研究是融合了城市史、城市规划、城市人类学、城市社会学、城市生态学、城市文化构建等多个学科领域的对于城市现象与城市问题的研究，目前诸多专家已进行了卓有成效的研究与实践。本书的入题是站在城市文化的角度展开研究和探索的，意图在于站在文化的角度，分析城市文化的构成问题，对城市文化载体做出基本的梳理与解读，进而认识城市文化表达与构建的特征，以期对城市形象的构建有所裨益。

　　城市文化通过一系列文化载体的传递最终呈现出城市整体形象。城市文化具有内涵丰富、概念广泛的特征，这就决定了城市形象的构建同样是一个内容庞大、逐渐深入的过程，涉及城市设施、文化活动、城市精神塑造等诸多方面。

　　新时代，中国城市发展面临着新的历史机遇与挑战，内蒙古地区城市经历了70余年的城市建设发展，取得了令人瞩目的成就，但城市形象建设仍然存在着诸多问题，如系统城市形象建设辐射的城市有限，形象建设存在表层化，缺乏地域文化特征、系统性等。本书通过对城市文化内涵与外延的分析对内蒙古地区核心城市——呼和浩特、包头、鄂尔多斯三座城市文化载体资源的收集与分析，明确内蒙古地区三座核心城市文化载体的建设现状，借以构建内蒙古三大核心城市形象建设策略。

希望本书的出版能够对内蒙古地区城市形象建设提供有益帮助，从而提升内蒙古地区城市整体形象建设，提高内蒙古城市竞争力，由于时间仓促，书中难免有不足之处，敬请读者批评指正。

著者

2021 年 7 月于内蒙古科技大学明德楼

目　录
CONTENTS

第一章　绪论 ……………………………………………………… 1

第二章　城市形象概述 …………………………………………… 5

　第一节　城市形象的缘起与发展 ……………………………… 5

　第二节　城市形象构成要素 …………………………………… 7

第三章　城市文化与城市文化载体 …………………………… 10

　第一节　"文化"的解读 ……………………………………… 10

　第二节　城市文化内涵解读 ………………………………… 11

　第三节　城市文化与城市形象之间的关系 ………………… 13

　第四节　城市文化载体 ……………………………………… 14

第四章　呼、包、鄂三市城市文化形象分析 ……………… 25

　第一节　呼和浩特市城市文化定位与城市文化载体 ……… 26

　第二节　包头市城市文化定位与城市文化载体 …………… 47

　第三节　鄂尔多斯市城市文化定位与城市文化载体 ……… 73

　第四节　呼、包、鄂三市城市文化载体建设对比 ………… 98

　第五节　呼、包、鄂三市城市文化形象建设路径 ………… 101

　第六节　草原文化内涵与城市文化建设 …………………… 106

第五章 城市文化形象的构建策略
　　　——以包头市为例 ···················· **116**
第一节 包头市城市文化定位 ·················· 116
第二节 包头市城市文化形象构建策略 ············· 117
第三节 包头市城市文化符号的挖掘与定位 ··········· 122
第四节 打造包头市独特的视觉符号 ·············· 127

第六章 城市文化载体与城市纪念品设计 ··········· **148**
第一节 蒙古族图案研究 ···················· 148
第二节 蒙古族的图腾图案创新与纪念品设计 ·········· 156

第一章

绪　论

一、研究背景

内蒙古城市发展历史悠久，但现代城市群的形成是在中华人民共和国成立以后，中华人民共和国成立初期全区仅有 4 个城市。经历了 70 年的城市建设发展，内蒙古自治区城市建设取得了令人瞩目的成就，"呼、包、鄂"核心城市群发展迅速，城市数量增长为 9 个地级市、11 个县级市，并形成了 7 个城镇群组。从区内城市的整体建设情况来看，"呼、包、鄂"三市成为内蒙古城市建设的核心代表形象，形成了内蒙古以中间地域为发展核心，向东、西两侧辐射发展的格局。过去几十年中，城市建设的重点放在扩大城市规模和提高基础设施建设的现代化水平上，拆除破旧不堪的历史街区，建造了大量现代标准建筑，这些建筑在相当长一段时间内为改善城市落后面貌、提升人民生活水平起到了重要作用。但由于忽视了传统文化与城市文脉的挖掘和保护，内蒙古自治区城市形象建设丧失特色。在国内、国际城市间实力的竞争日益激烈的今天，城市形象成为城市间竞争的重要媒介，塑造特色城市形象也已经成为内蒙古自治区城市进一步发展的重要举措。从全国城市建设横向对比来看，内蒙古地区城市的综合实力普遍处于相对落后的状态，区内处于核心地位的三座城市在国内城市综合实力排名中成绩不尽如人意。

城市形象是一个城市文化的外显，是一个城市历史文化、地域特征、发展状态、经济环境等的外在表现，同时也是一个城市特色的集中体现。

随着时代的发展,在内蒙古进入经济发展快车道、国务院提出《关于进一步促进内蒙古经济社会又好又快发展的若干意见》,以及国家开始新一轮西部大开发战略部署的历史背景下,内蒙古城市形象建设也必将成为进一步拓展内蒙古城市发展空间、增强城市核心竞争力的重要途径,基于此本书通过对内蒙古地区三大核心城市——呼和浩特、包头、鄂尔多斯城市文化特征与形象的研究,探讨三大城市的文化特征与城市形象系统建设提升途径,提升内蒙古自治区城市的文化自信,稳步推进符合内蒙古自治区文化特征的新型城市化建设道路。

二、国内外研究现状

国外早在 20 世纪 50 年代就开始了对城市形象的理论与实践研究。对城市形象的研究主要经历了三个阶段:第一阶段是 19 世纪中期以前的城市美学研究,经典著作有维特鲁威(Marcus Vitruvius Pollio)的《建筑十书》等;第二阶段是 19 世纪末期至 20 世纪中期,这一时期城市美化运动兴起;第三阶段是 20 世纪 60 年代后,凯文·林奇(Kevin Lynch)在《城市意象》中正式提出城市形象的概念,并开创性地提出了城市形象的研究方法,此后,许多发达国家的大中城市纷纷在城市形象实践活动中塑造各自的形象以吸引投资者、游客和消费者,如纽约的"大苹果"与"I LOVE NY"城市形象标识设计、阿姆斯特丹的"I amsterdam"宣传口号设计,它们形成了组织—设计—传播的城市形象塑造系统。然而,至今为止,城市形象在国外还未形成系统的学科,城市形象设计目前还蕴含在城市营销学科中。

国内城市形象的研究是在企业形象构建的基础上逐渐由社区形象设计、地区形象设计扩展至城市形象的。目前已经形成了较为系统的城市形象建设理论,许多专家和学者从不同的角度出发,对城市形象构建的方法、层次以及城市形象营销理论进行了探索和研究。1989 年,郝慎钧翻译了日本学者池泽宽所著的《城市风貌设计》一书,并在书中明确提出了城市形象的理念。20 世纪 90 年代初以来,越来越多的国内学者开始探讨城市形象塑造、宣传及推广问题，如陈俊鸿的《城市形象设计：城市规划的新课题》、张鸿雁的《城市建设的"CI方略"》、成朝晖的《人间·空间·时间——城市形象系统设计研究》、蒋丽的《城市形象的理论和实践——以广州市为例》、李兴国的《北京形象——北京市城市形象识别系统（CIS）及舆论导向》等。20世纪90年代以来，全国掀起了视觉形象设计的热潮，我国越来越多的城市注意到了城市形象构建的重要性，不仅在学术研究上形成了较为系统的城市形象建设理论，而且多个城市开始实践探索城市形象构建及城市品牌的营销，北京、上海等一线城市率先形成了自己独特的城市形象和城市品牌；越来越多城市开始进行城市形象建设，大连、深圳、秦皇岛、杭州、武汉等城市就先后进行了城市形象建设及品牌推广。

近几年，内蒙古自治区的诸多城市进行了城市形象建设，如呼和浩特、包头、鄂尔多斯、满洲里、伊金霍洛旗、鄂托克旗等。内蒙古自治区70周年大庆这一契机也大大推进了全区各地的城市形象建设。但目前内蒙古自治区城市形象建设还不够完善，城市形象建设存在着诸多问题，如系统城市形象建设辐射的城市有限，形象建设存在表层化，缺乏地域文化特征、系统性等。从学术研究的角度来看，有关于内蒙古自治区城市地区文化特色的城市形象建设的理论研究与实践相对缺乏，在知网中能够搜索到的文献数量也极其有限，内蒙古自治区城市形象建设层面的理论与实践都还处于开始阶段。

三、研究目的与意义

城市形象的塑造能够强有力地提升城市品位，激励城市可持续发展潜力，促进城市全方位、多角度、立体化的发展。本书从内蒙古自治区城市文化载体研究入手，对内通过城市文化定位，塑造城市文化形象，增强城市文脉的延续，突出民族地域文化精神，在增强市民归属感、凝聚力与自豪感的同时完善草原文化中"天人合一"的自然发展理念，促进绿色、健康、可持续发展的健康城市形象建设。对外通过城市美好形象的建立与传播，提升城市自身魅力，吸引国内外各类人才、技术、资金等资源，提升城市整体竞争力。

本书以内蒙古自治区城市文化载体入手进行分析，探求城市文化的内核与城市文化定位，突出民族文化精髓，从城市形象塑造的角度探究城市文化，以期为城市更新及城市文化建设的研究人员和设计人员提供研究思路和设计依据。

参考文献

［1］［美］凯文·林奇. 城市意象［M］. 方益萍，何晓军，译. 北京：华夏出版社，2001.

［2］维特鲁威. 建筑十书［M］. 高履泰，译. 北京：知识产权出版社，2001.

［3］饶鉴. 城市文化与品牌形象［M］. 北京：中国水利水电出版社，2019.

［4］陈俊鸿. 城市形象设计：城市规划的新课题［J］. 城市问题，1994（5）：24-27.

［5］张鸿雁. 城市建设的"CI方略"［J］. 城市问题，1995（3）：2-6.

［6］成朝晖. 人间·空间·时间：城市形象系统设计研究［M］. 杭州：中国美术学院出版社，2011.

［7］蒋丽. 城市形象的理论和实践——以广州市为例［M］. 北京：世界图书出版公司，2013.

［8］李兴国. 北京形象——北京市城市形象识别系统（CIS）及舆论导向［M］. 北京：中国国际广播出版社，2008.

第二章

城市形象概述

第一节　城市形象的缘起与发展

城市的产生和发展是一个历史的过程，源于生产力不断发展的内生动力，21世纪最引人注目的变化就是城镇化的迅速发展。城市集合是人类社会政治、经济与文化的综合智慧，随着城市的发展，城市已经逐渐形成了一个内容十分庞大、构成极为复杂的概念。不同学科的研究者对城市有许多不同的研究成果，社会学者认为城市是社会化的产物，经济学家认为城市是人口和经济活动的集中空间，建筑师则认为城市是建筑形式与空间的组合。

一、城市形象的概念

"形象"一词在《辞海》中被定义为"形状面貌"，在文学艺术作品中常常指区别于科学的一种反映现实的特殊手段。"形象"一词有多种含义，可以指具体事物、肖像、塑像、象征，在"城市形象"中是指城市的具体形态，这种形态是从人类的具体感知与形象的表象角度对城市进行的塑造①。狭义的城市形象设计属于艺术与美学理论研究范畴，从具体的、可感知的物质形态研究方面出发，探寻建立城市特定视觉秩序的原则。如

---

① 宋冬慧.现代城市形象塑造及中国本土化研究［M］.北京：中国纺织出版社，2018：2.

果把城市形象看作艺术品，其具有典型的造型艺术特点，可以利用不同的艺术形式表达城市外在表象内容。

城市本身是一个内容庞杂、构成繁复、难于概括的抽象概念，有着众多典型特征：具有政治、经济、文化等中心职能，大量人口聚集，是经济活动中心，有众多建筑形式及空间等。因此城市形象的研究极其复杂，它所涵盖的内容相当广泛，既包括具体的物质文化内容，也包括城市精神文化的反映。

二、城市形象设计的缘起

城市形象设计历经了从远古时代城邦识别、中世纪封建城市、巴洛克时期"城市美化"运动到近现代的田园城市设计、现代城市、以人为本的城市设计思想等一系列变化，其发展也经历了由无意识到有意识、由物质形象到整体系统形象发展的历史阶段。

1. 远古时期

城市形象设计最早起源于远古城邦的识别。远古时期，各城邦为了与周围城邦区别开来而进行了早期城市形象设计。那个时期的城市形象设计还是无意识的，城市道路完全是自发形成的，建筑之间风格迥异，无法协调，城市形象并不雅观。

2. 中世纪

到了中世纪，中国城市设计进入了萌芽阶段，这个时期的城市形象设计主要从思想上走了两条完全不同的道路：一条追求和体现森严的等级制度，如北京城、西安城、洛阳城就是其中的典型；另一条则追求淡泊、恬静，彰显具有个性的城市形象。西方城市在此时还没有整体的设计思想，其城市形象设计基本上是人民群众生产实践的结晶。

3. 近现代时期

现代城市形象设计大致经历了以城市形体空间设计为核心的物质形象设计阶段以及城市的整体形象设计阶段，后一阶段对城市形象的设计已经扩展到了文化与物质形象的设计领域。

20 世纪以来，人本主义思想成为城市设计的基本理念，城市形象设计的关注点主要集中在城市形体空间的设计与研究上，这时出现了从区域角度进行广域城市设计的思想萌芽，其中以埃比尼泽·霍华德（Ebenezer Howard）的田园城市、卡米洛·西特（Camillo Sitte）的视觉有序、勒·柯布西耶（Le Corbusier）的现代城市理论最具代表性。20 世纪上半叶，随着社会经济与工业技术的迅速发展，城市空间显得日益局促，城市设计者开始重视城市的三维空间设计，"区域—城市"的系统设计思想得到重视，"新城运动"应运而生。现代城市形象设计快速发展，更加宏观，更具有战略性和计划性。

20 世纪 50 年代以后，城市的发展向信息与休闲特征转变。此时工业文明时期城市形象设计的弊端暴露无遗：建筑形象单一、色彩单调，到处是灰色的"水泥森林"，城市之间的功能雷同，缺乏差别、特色与个性。这种城市形象设计显然已经不适应新的需要。虽然刘易斯·芒福德（Lewis Mumford）的《城市文化》在 1938 年出版时已经提到了城市新的形象设计概念，然而其理念直到 20 世纪 50 年代后才被人们接受，这也标志着城市形象设计进入了第二阶段——城市整体形象设计阶段。

国内的城市整体形象设计则是从 20 世纪 90 年代开始的，城市整体形象设计把城市精神、市民行为等一些精神文化领域的内容纳入城市形象设计，不仅注重人的需求还注意到了精神、心理方面的需要，更重要的是考虑到了更大范围内社会公众的态度和行为。当代城市形象设计已经演化为城市物质环境和文化环境并进，融入战略性、综合性、实践性等设计思想，对城市发展的各个因素都给予关注和分析，创造城市美好形象的过程。

第二节 城市形象构成要素

凯文·林奇在《城市意象》中提到城市不但是成千上万不同阶层、不同性格的人们共同感知（或是享受）的事物，而且也是众多建造者由于各种原因不断建设改造的产物。从这个角度来说，城市可以被看作一个大的生态系统，既包括了人类这样复杂的有机生态系统，又包含街道、建筑、公共艺术等无机生态系统。凯文·林奇将城市的物质形态构成要素概括为五种类型：道路、边界、区域、节点以及标志物①，这种表述为广大城市设计研究者所接受，并进一步将城市形象构成要素进行细化及分类，后来城市形象的构成要素主要被分为城市建筑、道路、城市边界、节点、标志物五种类型。

1. 城市建筑

建筑是供社会大众欣赏的公共艺术，具有时代性、地域性的特点，建筑的样式和特征是城市面貌的主要载体，反映了一个城市的文脉及历史变迁，同时也决定了一个城市文明程度的高低。是否建立了一个历史与现代协调发展的、功能有序多样的城市建筑组合，成为衡量现代城市发展成功与否的主要标准之一。

2. 道路

道路是人们的移动通道，这些通道可以分为步行、交通运输两大类型，它可能是机动车道、步行道、高速公路、长途干线、隧道等。居住在城市的人们通过在道路上的移动观察着城市，城市的其他组成元素也是沿着道路展开布局的。现代的交通路网较之以前的传统路网已经有了极大的变化，现代化的交通路网已经形成了几何布局和立体交叉路网体系。道路的职能也发生了改变，由原来喧闹的聚会空间演变为一种以穿过性为主的交通空间。建立多样化的模式适应现代生活的需要同样是城市形象建设中的重要问题之一。

3. 城市边界

城市边界是两个不同城市或城市与乡村的边界，有强大的分隔作用，但有时这些边界也是不断变化的，它会随着城市的不断扩张而产生相应的

---

① [美] 凯文·林奇. 城市意象 [M]. 方益萍，何晓军，译. 北京：华夏出版社，2001：5.

变化。边界通常同时也是道路，观察者能够沿着它移动，因此边界同时具有连续性和可见性的特点。建立人们围绕城市边界观察城市的视觉通道，建立良好的城市天际线，是城市整体形象建设的重要因素。

4. 节点

节点是城市的战略焦点，这些节点在不同视角下可大可小，既可以是很小的道路连接点也可以是很大的广场，从更广阔的层面看，节点还可能是整个市中心甚至整个城市。典型的节点是道路的连接点或者具有某些特征的集中点。这些连接点或集中点非常重要，人们会在这些连接点或集中点处做出抉择，也会对连接点周围的元素做出选择。例如，高速公路进入城市的节点是一个衔接点，经过这个节点的人们会认为这是从高速进入城市的转换点，在此人们会有进入城市的感觉；城市中的火车站也是城市重要的节点，它对市民的交通起着重要的作用，同时车站建筑、广场的开放空间占据了巨大的立面体积，在视觉上给人留下了深刻的印象。

5. 标志物

标志物通常是城市中重要的指示性和引导性的艺术作品，具有单一性、唯一性的特征，在整体环境中令人难忘。标志物的外在形象特征不仅代表着城市居民的某种文化审美取向，而且是城市文化精神的气质体现。

参考文献

[1] 宋冬慧 . 现代城市形象塑造及中国本土化研究［M］. 北京：中国纺织出版社，2018.

[2] 崔为民，康蕾，魏永彪 . 城市设计个性化与形式美的思考——城市设计中的各要素控制策略［J］. 城市建设理论研究（电子版），2012（23）.

[3]［美］凯文·林奇 . 城市意象［M］. 方益萍，何晓军，译 . 北京：华夏出版社，2001.

第三章

城市文化与城市文化载体

第一节　"文化"的解读

"文"指文章、文字、文采，又指典籍、制度、礼仪；"化"指"教化""教行"，"文化"合在一起表达的是一个过程，既包含了主体对自然的改造，也包含了主体对自身的转化。英国人类学家 B. K. 马林诺夫斯基（B. K. Malinowski）认为文化包含传统器物、货品、技术、思想、习惯及价值，包含、调节着一切社会科学；A. R. 拉德克利夫-布朗（A. R. Radcliffe-Brown）认为文化是一定的社会群体或社会阶级与他人的接触交往中习得的思想、感觉和活动的方式。

关于文化的概念，不同的学者有不同的角度与解释。总的来说，文化具有以下几大特征：

（1）文化是由人类创造出来的，是在人类的不断进步中加工产生的。

（2）文化是后天习得的经验和知识。

（3）文化是人类共有的社会产物，能够被社会或群体成员共同接受和遵循。

（4）文化是持续不断地发展的，人类的发展过程一直是不断地创造文化的过程，每一代人都在接受前人所创造的文化的基础上创造出新的文化内涵。

（5）文化具有地域性、民族性，不同地域下，人们所处的自然环境的不同，生活方式、风俗习惯的不同，造就的文化也会有所差异，形成了多样的地域文化。

文化内涵丰富而广博，广义的文化包含了人类在实践过程中创造的物质文化与精神文化的总和，这些物质文化与精神文化可以分为三个层次：一是物质文化，物质文化是人类在生产生活中创造的物质产品，如城市建筑、雕塑、广场、设施等，这些物质处在文化的表层，是通过视觉就能够感受到的文化内容；二是制度文化，制度文化是人类文明的表现之一，它是人们的行为准则，规范着人们的生产生活方式，反映了人与人、人与社会的关系，国家的法律法规、行政制度，地区的管理制度都属于制度文化部分，制度文化处在文化的中层；三是精神文化，精神文化是文化的最高层级，人类的精神文化是文化的核心，包含价值标准、道德风尚、精神风貌、思维意识等诸多内容。物质文化是精神文化及制度文化产生的基础，同时这三个层次的文化又是一个统一的整体，三个层次互动共生，构成了一个有机联系的文化系统。

第二节 城市文化内涵解读

从广义的文化角度定义城市文化，郑卫民（2005）认为城市文化是人们在城市中创造的物质财富和精神财富的总和，是城市人群生存状况、行为方式、精神特征及城市风貌的总体形态。

城市文化由"城市"与"文化"两个内涵丰富、外延广泛的概念组成，"城市"与"文化"在漫长的时间中一直保持着紧密的、多维度的联系，它们是历史进步的共同产物，共同推动着城市的发展与建设。

从城市的角度看文化，城市既是文化积淀的产物也是文化承载的载体与容器①。城市是文化长时间发展沉淀形成的产物，人类在城市中生产、活动，一直从事着城市建设的活动，城市中到处都留存着文化的痕迹，古老建筑、历史街区、城镇组织，都是文化留给城市的痕迹。刘易斯·芒福德在他的《城市发展史》中将城市与文化的关系描述为城市是一种贮存信息和传递信息的特殊容器。从这个意义上说，城市贮存和传递的信息就是文化，文化不断的积累与发展都被城市这座大博物馆记录下来，城市中保留了丰富的文化标本珍品。因此，刘易斯·芒福德的"城市是贮存信息和传递信息的特殊容器"的说法准确地揭示了城市贮存人类文化的重要意义。

从文化的角度看城市，文化是一个城市的灵魂，有灵魂的生命体才有活力，在文化支配下的城市才具有生命力。文化是一个城市蕴含的独特精神特征，它从深层次反映了城市的追求与公众的价值观，体现着一个城市的精神风貌，且具有民族性与地域性特征，是一座城市凝聚力与自信心的源泉。缺乏灵魂的城市只是一个空壳，没有向前发展的动力，因此，用文化指导城市的发展有助于形成良好的城市精神风貌，为城市注入源源不断的活力，提升城市的素质与品位。同时，文化凝聚着城市发展的要素，是一个城市生存的基础和进化的动力，城市之间所有领域的竞争，最终都可以归结为文化的竞争，城市的先进文化内涵才是城市的文化特征，成为城市的真正魅力和竞争力。

从上面对城市与文化关系的表述中可以将城市文化的内涵总结为：城市文化是一个城市特有的标签与精神，是包含着一个城市的文化氛围、文化修养、文化活动、文化设施、文化管理等内涵的，形成了城市文化众多的子系统；城市文化具有历史性与延续性，它记录着城市的过去，叙述着城市的现在也预言着城市的未来；城市文化促进城市发展，是一个城市的核心竞争力。

---

① 陈宇飞. 城市文化概论 ［M］. 北京：文化艺术出版社，2008：10.

第三节　城市文化与城市形象之间的关系

　　城市是人类文明与创造力的源泉，城市所展现出的外部风貌即城市形象是一个城市所呈现出的整体"形象"，这些"形象"生动地记录着城市的过去与发展。每一座城市历经时间的洗礼，都有着自己的独特个性与珍贵历史，城市记忆是一座城市文化价值的重要体现，城市文化是这些个性与记忆的灵魂，城市中的历史遗迹就是这些历史记忆的物质展现，赋予城市市民亲切的归属感。城市文化的多层次性决定了其动态关联的特点，城市文化随着时间的推移而使文化资本增值，越具有历史与人文精神的文化越具有资本再积累的功能与价值。正是这种复杂性与动态性使城市文化有了内在的张力，成为推动城市形象发展的内驱力。

　　显而易见，城市文化对城市形象的构建起着决定性的作用。

　　城市文化是城市形象的设计之源，城市的视觉形象是城市独特个性的直接体现，但在与国际文化的不断交流、融合的过程中，城市形象建设也受到了全球性的影响，甚至出现了"千城一面"的问题。渐渐地人们意识到了文化对城市形象建设的重要性，开始通过城市文化展现独特的城市形象，同时在城市的整体形象规划中展现城市深厚的民俗内涵、科技内涵、文化内涵、历史内涵等。

　　城市文化展现城市形象及城市的精神内涵，其中的核心要素就是精神要素，是一个城市历史、文化、风俗、人文思想等的集合，体现着一个城市居民的精神状态与人文地域特征。而这些正是城市形象系统中城市居民形象的重要组成部分，成为城市发展的重要软环境。

　　城市文化优势即城市形象竞争优势，现阶段城市之间的竞争主要体现在文化之间的竞争，环顾世界，凡是在人们脑海中留下比较深刻印象的城市或具有强大发展力的城市，都具有独特的文化符号。

　　每一座城市，由于其历史条件、地理位置、民族信仰、发展经历、社会经济水平不同，其城市文化要素与形态也会不尽相同，按照前面对文化的结构与城市文化的特征的分析，总的来说，可以把城市文化形象的构成要素分为以下三大类：

一是物质要素。物质要素主要包括城市中可见的物，如城市建筑、历史文化遗迹、公园、广场、街道、雕塑、浮雕、城市家具、小品等，这些设施、建筑是城市文化的物质载体，是城市文化物化的表现。

二是社会运行要素。社会运行要素对应文化分层中的制度文化，包括法律、制度，城市的社会管理体系，城市居民的民俗活动，城市节事、生活习俗、日常交往方式等。其中城市居民的民俗活动以及城市节事中包含了更加丰富的城市文化特征，这些文化特征通过当地居民的传统习俗、文化活动表现出来，成为当地极为珍贵的地域文化遗产。

三是精神文化要素。精神文化要素是城市文化要素的核心层，包括观念要素与人文要素，是其他两种要素产生的基础，也是最能体现城市文化形象特征的部分，包含城市经济文化的发展战略、城市精神、价值观念等。

城市文化形象的三大要素决定了城市文化形象建设是一个内容庞大、逐渐深入的过程，涉及城市设施、文化活动以及城市精神塑造等诸多方面，城市文化形象的构建是在综合分析城市文化的基础上进行的，是在当代城市建设理念的指导下，全面规划、构建、设计、经营的一个巨大的文化产品。而城市文化载体可以创造性地表达城市文化内涵，完成城市文化的增值，使整个城市有效的文化信息不断地在城市载体中积聚与表达，形成具有独特地域特色的城市形象。

第四节 城市文化载体

文化对城市发展的作用需要通过载体的传递才能够体现，就像光的传播需要介质一样，文化也需要通过媒介把精神转化为动力以推动城市发展，这种介质就是文化载体。城市文化载体是城市文化的物质表现。刘易斯·芒福德在他的《城市发展史》中提出："城市的主要功能是化力为形，化能量为文化，化生物繁衍为社会创造力。"① 城市作为文化的容器，充分展示着文化的能量与魅力。

城市文化载体是城市文化存在的基础，展示着城市文化的历史与现状，城市文化在产生之初就在其载体上留下了深深的印记，一部分文化载体在历史发展的进程中逐渐消失，而另一部分则通过建筑、民俗等形式传承到今天。例如，我们今天所见到的古代建筑就向我们展示着古代人民的生活风貌与礼仪制度。

从文化主客体的关系角度来看，文化的内容是主体，欣赏文化的人是客体，城市文化载体是主客体之间的介质。城市文化载体将抽象的文化概念用各类客体能够接受的符号表示出来，从而达到客体理解主体，主体教育客体的目的。

一、城市文化载体的分类

城市文化是一个庞大的体系，包含物质要素、行为要素以及精神文化要素。城市文化载体是城市文化的物质表现，因此其内涵与城市文化一致。具体地说，从其形态上来分，城市文化载体可以分为物质形态载体与非物质形态载体，物质形态载体包括自然景观、休闲空间、建筑、公共设施等；非物质形态载体包括语言、文字、民俗活动、城市精神、法规等。从其表现形式来分，吴松涛在《城市文化载体》一书中将其分为城市空间载体、城市符号载体以及城市活动载体。而城市观念文化同样是城市文化载体的一部分，城市品牌、人民的价值观都是城市文化载体的具体展现。因此本书主要以城市文化载体的表现形式对其进行划分，探讨城市空间载体、符号载体、活动载体以及城市精神文化载体对城市形象建设的影响。

---

① 刘易斯·芒福德. 城市发展史——起源、演变和前景 [M]. 宋俊岭，倪文彦，译. 北京：中国建筑工业出版社，2005：13.

城市空间载体包括自然景观空间、休闲娱乐空间、纪念空间、商业空间；城市符号载体包括建筑符号、城市小品与公共设施符号、城市标识与雕塑；城市活动载体包含休闲文化活动、民俗活动、商业活动、城市节事等；城市精神文化载体包含城市精神、城市品牌塑造、城市人民价值观等。

表3-1 城市文化载体的具体类型

载体类型	载体内容
城市空间载体	自然景观空间
	休闲娱乐空间
	纪念空间
	商业空间
城市符号载体	建筑符号
	小品与公共设施符号
	城市标识
城市活动载体	休闲文化活动
	民俗活动
	商业活动
	城市节事
城市精神文化载体	城市精神
	城市品牌塑造
	城市人民价值观

（一）城市空间载体

城市空间是城市各类活动所形成的功能区，奥地利建筑师罗伯特·克里尔（Robert Krier）认为城市空间是城市内部和其他场所各建筑物之间所有的空间形式。城市空间是一种文化的容纳体，文化通过交往的形式存在于空间的生命体中。它把人统一在自然、有机的环境中，对人的同一性来说必不可少。同时，它把人类归属于整个社会文化 。

　　按照城市空间所承载的活动类型与文化特征可以将空间分为自然景观空间、休闲娱乐空间、商业街区以及纪念空间。

　　自然景观是大自然赋予城市的最基本的景观空间，水体、植被、山石等自然要素共同影响着当地的自然景观特色，造就了独特的自然景观文化，如我国南北方迥异的自然景观，就使南北方形成了不同的自然景观风格。

　　休闲娱乐空间、纪念空间、商业空间均是人为设计的空间。休闲娱乐空间是人民日常活动与娱乐的场所，是城市居民精神生活的重要场所，能够展示一个城市的性格，表现其精神特征。其中，城市广场是最具有代表性的，其他休闲娱乐空间还包括城市绿地、公园等。

　　城市纪念空间指城市中具有纪念功能的场所。罗伯特·克里尔认为真正的城市是由纪念性建筑、广场、街道、住宅等基本类型构成的，而纪念性建筑与广场街道构成了城市的公共领域纪念空间。纪念空间偏重于精神因素，这些空间的建造不仅为了纪念过去和表现历史，也为了暗示特定的历史事件、历史活动等，它不仅是城市历史文化的物质载体，也是城市未来发展的根基。城市纪念空间根据其客体功能发挥的不同形式分类可以分为建筑环境纪念空间和非建筑环境纪念空间。其中建筑环境纪念空间又可以分为纪念馆、纪念堂、博物馆、纪念塔、故居、纪念碑、寺庙或祠堂；非建筑环境纪念空间可以分为纪念广场、纪念园、遗址公园等。

　　城市的商业空间是商业在城市空间的投影，是以空间的物质属性为视角界定的一种城市空间类型。商业空间集中体现了一个城市的经济文化特征，如今，商业空间的内涵不断丰富，除了商业活动外，它还包含商务、娱乐、休闲等活动，赋予了商业空间多样复合的功能内涵，同时商业空间还具有相当的辐射力与吸引力，代表着时尚文化。

　　(二) 城市符号载体

　　人类生活在一个充满符号的世界中，人类通过运用各种符号传承自己的优秀文化，这些文化符号历经了时代的变迁最终形成并表达出一定的文化内涵。20 世纪 20—30 年代，德国哲学家卡西尔（Ernst Cassirer）提出了文化符号学的概念，他认为人与动物之间本质的区别在于符号，符号是人们共同约定用来指征一定对象的标志物，是信息外在的形式或物质载体。

文化符号具有地域性、民族性和时代性的特征，地域文化符号能够起到标识地域文化形象、提升地域文化价值的作用。具体到某一个城市，地域文化符号也就演变为城市文化符号。城市文化符号则是城市文化特色的典型表征，文化的凝结外化为特有的城市符号，代表了一个城市有别于其他城市的特点。例如，承德的避暑山庄、景德镇的瓷器、大同的云冈石窟都已成为当地的文化符号，传递着特有的城市文化信息。在人、城市与文化之间，符号是纽带，如果城市中有丰富多彩的现象和事物，没有经人形成的符号意象，便不会产生文化。面对城市的繁华，有时需要用抽象的图形意象来帮助理解和记忆所经历的一切。产生这种意象的过程，实际上人已经不自觉地用符号来解读城市了。

现代符号学理论认为，事物内在的变化与规律都能以可视的物象来表现，并以之作为信息外观表象的视觉元素。城市景观的视觉传达就是城市文化的可视物表现，是城市文化特征的外在表现。符号的表现形式是多种多样的，建筑、雕塑、城市公共设施、城市标识等，都可能作为城市历史与文化表现的媒介，成为城市符号载体，使城市景观具有个性化的符号特征。

具体来讲，城市符号载体包括三个大的类别：城市建筑、城市小品与公共设施、城市标识与雕塑。

表 3-2　城市符号载体类别

标志物分类	标志物内容
城市建筑	居住建筑、行政建筑、科教研建筑、博览与体育建筑、商贸与金融建筑、交通建筑、电视塔、宗教与历史建筑、会堂建筑
城市小品与公共设施	宗教与政治小品、纪念性小品与设施 神话传说小品、街头小品与公共设施
城市标识与雕塑	门户地区雕塑、中心区雕塑、纪念性雕塑、重大节事雕塑等

每个城市都有着大量的城市标识，它们或多或少地都会传达出城市的文化特质，张鸿雁曾说过："城市符号在一个广泛的区域内起着凝聚文化、创造社会群体心理倾向心理归属感的作用。"① 城市符号载体类别丰富，一部分城市符号载体突出"最"的概念，如在一定范围内最具有纪念意义、最高、最大等，体现城市文化的特别之处；另一部分则是传统文化与传统符号的体现，往往是城市居民所熟知的，如"老地方""老街区"等。

（三）城市活动载体

城市与人是双向互动关系，人在城市中的活动塑造了城市的性格，同时不同城市性格又影响了城市居民的行为。如在城市中自发的市民活动、市民生活场景，能够最真实地体现城市的人文精神，是最接地气的城市市井文化，这些活动都可以归纳为一个城市活动类型——休闲文化活动。除此之外，民俗活动也是城市文化的重要体现形式，民俗是民间的风俗生活文化的统称，包含了一个国家、民族、地区中集中的民众所创造、共享、传承的风俗习惯，如中国传统节日——春节、元宵节、端午节等。

在商品社会，不仅消费活动会融入各种事件，各种活动也会融入消费活动，消费活动成为城市生活中不可缺乏、最普遍的一部分，人们通过商业活动了解一个城市和城市空间，进而了解城市的文化活动。

（四）城市精神文化载体

城市精神是城市文化形象的灵魂，构建积极向上的城市价值观念是城市文化建设的重要任务。城市精神文化载体包括城市精神、城市品牌塑造、城市人民价值观等。

二、城市形象构建的途径

城市形象的构建依赖于城市文化载体的构建，城市文化载体作为城市文化物化的传播媒介能够集中地反映城市文化的本质特征，对城市文化载体进行统筹与规划是对城市文化形象构建的途径之一。从城市文化角度思

---

① 张鸿雁. 城市建设的"CI方略"[J]. 城市问题, 1995（3）：2-6.

考和塑造城市形象，运用城市形象规划的手段与城市文化进行呼应，有利于提升城市软实力，增强城市竞争力与影响力，同时对城市形象的构建与城市文化的发展有着互相推动、互相促进的作用。

（一）城市文化定位

文化是城市的魂，形象是城市的品位。准确的城市文化定位是塑造城市形象的基础和核心。

早在 2015 年 12 月，中共中央在召开城市工作会议时就提出，要加强对城市的空间立体性、平面协调性、风貌整体性、文脉延续性等方面的规划和管控，留住城市特有的地域环境、文化特色、建筑风格等"基因"。要结合自己的历史传承、区域文化、时代要求，打造自己的城市精神，对外树立形象，对内凝聚人心。从这一指导意见就可以看出城市文化是塑造城市形象的核心，城市文化定位的过程，就是厘清城市历史文脉、凝练城市内在精神、提升城市内涵与品位的过程。

准确的城市文化定位对城市形象的塑造有着深远的意义。可以在厘清当地历史文化遗产和历史文化脉络的基础上，整理、保护、传承优秀的城市历史遗迹、历史遗存；保持地方传统，形成具有标识性、地方性的特色城市文化，塑造城市文化名片；指导城市形象建设走向，鲜活城市形象，提升城市的内涵与品位。

（二）城市文化定位的原则

1. 突出地域特征

地域特征是在自然因素的影响下形成的人文特征，不同地域都会形成自己的特色鲜明的地域文化，因此城市文化具有地域性特征，利用地域性创造特色城市文化是最直接、最有效的城市文化定位的方法，也是目前许多城市进行文化定位时普遍选择的手段。

2. 传承城市历史文脉

具有一定历史文化积淀的城市，其城市文化往往表现出多元性继承，历史文化是一个城市得天独厚的资源，能够体现出厚重的城市文化历史感以及鲜明的特色。老街区、老建筑是一座城市的"文脉"，是这座城市浓缩的历史文化。对待新与旧的关系，在城市文化定位中需要进行妥善的处理。在城市文化特色定位的过程中，要注意特色文化的延续性，与城市各时期的形象建设相协调，有助于为城市带来经济效益与社会效益。

3. 个性原则

城市文化定位必须具有唯一性才能给人留下深刻的印象，塑造城市独特的文化形象，赋予城市光芒四射的个性魅力。如"漂浮的艺术城市"威尼斯、"动感之都"香港、"东方夏威夷"三亚，这些拥有独特个性的城市都给人留下了深刻的印象。

（三）城市文化载体规划

1. 城市空间载体规划

空间是物体运动范围的表现，既是客观的存在，又是人类的一种体验。人类生存与社会群体竞争的核心从一定意义上说是为了获得更大的生存和发展空间。城市的空间是一个容纳体，是一种物质空间的集合形式，也可以说是一种社会与文化存在的形式的空间。塑造具有城市特色且有活力的空间需要遵守以下两个基本设计原则。

首先，城市空间的塑造要注重空间规划的多样性与创新性，人在空间中的活动是极为丰富多变的，为避免城市环境的单调，城市空间的塑造与优化需要具有多样性，如小型的街头绿地、广场等，这些空间都具有强大的活力，是市民经常娱乐、休闲的地方。同时，还要有商业街、纪念馆、博物馆等多样的空间以满足市民对空间的丰富需求，支持市民进行多种类型的活动。在注重体验消费的新社会环境中，多样的空间环境满足城市居民不同的情感需求。因此，要在保证多样性的基础上营造创新型的空间，追求灵活、自由的"场所体验"，打破功能主义式的空间，营造体验式的创新空间。

其次，城市空间的设计需要具有主题。意大利建筑师阿尔多·罗西（Aldo Rossi）在《城市建筑》中写道："场所不仅由空间决定，而且由这些空间所发生的古往今来的持续不断的事件所决定，而所谓的城市精神就存在于它的历史中，一旦这种历史精神被赋予形式，它就成为场所的标记记号，记忆成为它的结构的引导，于是记忆代替了历史。"① 主题化不仅是必要的"情感设计"，还是增进公众的交流和社会的团结、促进地域归属感和可识别性形成的重要元素。新时代的城市空间不仅要有效地满足功能的要求，而且要能够起到表达意义、讲述历史、唤醒记忆的作用。

2. 城市符号载体规划

城市是由建筑、道路、边界、节点、标志物等元素共同组成的整体，即使观察者只注意到了某个或某几个元素，由此传达的符号信息也会在脑海中聚成面，并进而形成完整的结构图，它在一定程度上决定着个体对城市的喜好以及未来与城市的互动。在城市形象的规划过程中，景观与符号的合理规划至关重要，具体的规划构思可以依照以下三种思路：

（1）复制传统：从传统出发，充分继承运用现有历史文化中传统的文化符号，赋予各类符号载体典型的文化符号形象，充分运用现有的文化载体创造独特的城市形象。

（2）符号的创新继承：符号的创新继承是指在传统符号形式的基础上对符号进行抽象、组合、简化等设计，使传统符号在传达传统文化的基础上具备新的形态的特征，在保持原有文化特色的基础上，赋予传统符号时代特色，从而实现文化的传承与创新。

（3）创新重构：创新重构是指在充分理解与分析城市文化特征的基础上，通过一系列创新的符号系统表达城市文化。文化载体的创新有赖于视觉符号的创新表达，现代城市形象最大的问题是"千城一面"，导致城市形象模糊，因此，应通过城市符号载体的创新表达，完成城市形象的差异化、个性化表达。

3. 城市活动载体规划

城市活动载体主要是城市的各类活动，城市活动是城市活力的体现，众多城市都选择通过举办一系列高水平的文化活动来提升城市形象。这些活动中较知名的有"上海国际艺术节""大连国际服装节""哈尔滨国际

---

① ［意］阿尔多·罗西. 城市建筑学［M］. 孙艳晨，杜娅薇，译. 南京：江苏凤凰科学技术出版社，2020：34.

冰雪节""南宁国际民歌节"等,它们促进和带动了城市多行业的发展,城市本身也借助具有国际影响力的文化品牌声名鹊起,使自身美誉度不断提升。因此,对城市活动的策划在现代城市建设中起着越来越重要的作用,应按照一定标准进行可行性研究,并根据实际情况进行规划。

表 3-3　城市活动载体可利用资源统计表

评级项目	内容
是否成规模	品牌效应
	影响范围
综合效益	经济效益
	社会效益
	环境效益
对城市的负面影响	社会治安
	生态环境
	生存、生活环境
交通条件	交通便捷度
	对城市交通的影响
发展潜力	用地规模
	政府支持
	资源垄断水平
	服务水平
	同类资源差异度

4. 城市精神文化载体的构建

城市精神是城市文化的重要支柱,弘扬社会主义核心价值观与城市精神理念,能够突出城市的文化个性,传播城市的独特文化精神。与此同时,通过城市精神的深入挖掘与提炼来塑造城市品牌,也能够有效地加强城市的影响力,彰显城市的独特个性。

参考文献

[1] 陈宇飞. 城市文化概论 [M]. 北京：文化艺术出版社，2008.

[2] 刘易斯·芒福德. 城市发展史——起源、演变和前景 [M]. 宋俊岭，倪文彦，译. 北京：中国建筑工业出版社，2005.

[3] 张鸿雁. 城市建设的"CI方略" [J]. 城市问题，1995（3）：2-6.

[4] ［意］阿尔多·罗西. 城市建筑学 [M]. 孙艳晨，杜娅薇，译. 南京：江苏凤凰科学技术出版社，2020.

[5] 胡晓华. 城市·文化·再现——"城市、文化及它们的再现"国际学术研讨会论文集 [C]. 成都：四川大学出版社，2016.

[6] 吴松涛. 城市文化载体规划 [M]. 哈尔滨：黑龙江科学技术出版社，2009.

[7] 安运华. 城市文化与城市形象塑造探析 [J]. 中外建筑，2006（5）：92-94.

[8] 王强. 关于沈阳城市文化的定位分析 [J]. 沈阳工程学院学报，2006（4）：448-450.

[9] 吴齐. 城市文化定位和塑造城市形象的思考 [J]. 沈阳农业大学学报（社会科学版），2009，11（1）：48-51.

[10] 汪民安，陈永国，马海良. 城市文化读本 [M]. 北京：北京大学出版社，2008.

[11] 廖建良. 全球化冲击下的亚洲城市文化 [J]. 创新，2011，5（4）：108-112，136.

第四章

呼、包、鄂三市城市文化形象分析

内蒙古自治区（以下简称"内蒙古"）成立于1947年，位于中国北部边疆，疆域辽阔。地跨我国东北、华北、西北地区，东西直线距离2400多千米，南北跨度为1700多千米，是高原型地貌区。内蒙古高原东部为草原，是中国重要的畜牧业基地；西部为草原、荒漠草原以及荒漠，越向西荒漠面积越大，戈壁广布。内蒙古是蒙古族人民数千年来聚集、生长的地方，数千年来，特有的自然、地理环境让蒙古族人民创造了光辉灿烂的草原文化，大规模的军事、政治、经济、文化活动在内蒙古众多城池进行，形成了内蒙古地区特有的城市特色形象。

内蒙古下辖呼和浩特市、包头市、鄂尔多斯市、乌兰察布市、赤峰市、通辽市等12个盟市。现在的内蒙古从城市规模看，仅有两座Ⅱ类大城市，分别是呼和浩特和包头；3座中等城市，为乌海市、赤峰市和鄂尔多斯市，其余均为小城市。现在的内蒙古，城市发展影响力日益突出，很多城市保持着较高的发展潜力，特别是呼和浩特、包头、鄂尔多斯（以下简称"呼、包、鄂"）三座城市，这三座城市位于内蒙古中西部的核心区，是内蒙古经济增长的火车头与助推器。三座城市有着非常密切的联系，被誉为内蒙古"金三角"地区。呼、包、鄂三座城市有着较为完善的基础建设、各具特色的产业基础以及健全的科技支撑，是内蒙古城市发展的典型，因此本书选择呼、包、鄂三市作为内蒙古城市文化形象的代表进行分析，探讨三座城市在城市文化形象建设中的优劣。

本书从文化载体的角度对呼、包、鄂三市城市文化形象进行分析，对三座城市文化载体现状进行分类分析，明确三座城市目前城市文化形象建设的现状，借以分析内蒙古城市文化形象建设的特征与不足。具体的研究思路见下图：

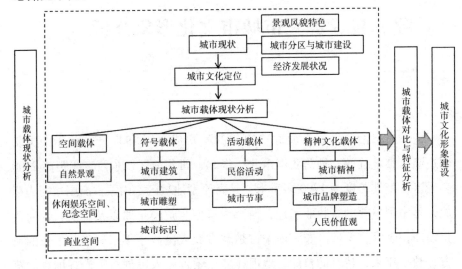

图4-1　本书研究思路

第一节　呼和浩特市城市文化定位与城市文化载体

呼和浩特地处内蒙古中部，阴山山脉大青山南坡的土默川平原，城市地势北高南低，是一座历史悠久、美名远扬的塞外城市，被誉为"青城"。早在旧石器早期这里就已经有了人类活动的痕迹，大窑文化代表了呼和浩特地区原始文化的起源与发展。呼和浩特曾是匈奴时期北方草原第一个城市"云中城"，也曾是魏晋南北朝时期的鲜卑、突厥的第一个都城"盛乐城"，历经数千年的发展，最终形成了今天的以蒙古族为主要群体的北方少数民族地区城市。历史上的归化城和绥远城奠定了城市最初的格局。

呼和浩特作为草原丝绸之路的重要节点城市协同包头、鄂尔多斯形成了内蒙古重要的城市经济圈，带动内蒙古经济发展，成为内蒙古地区的"金三角"地带。1996—2010年版的呼和浩特城市总体规划中将呼和浩特的城市性质定位为内蒙古首府及政治、经济、文化、科教中心，荣获"国家森林城市""中国优秀旅游城市""国家历史文化名城""全国十大幸福城市""全国民族团结进步模范城市""全国双拥模范城市"等称号，是我国北方沿边开放地区重要的中心城市。经过了20多年的发展，呼和浩特市已经发展成为呼、包、鄂经济圈中城市功能最完善的核心城市。

一、呼和浩特概况

（一）城市景观风貌特色

呼和浩特城市总面积17271平方千米，所辖范围包括四区、四县、一旗，市区分为四大辖区：新城区、赛罕区、玉泉区、回民区；四县包含武川县、托克托县、清水河县以及和林格尔县；一旗是土默特左旗。市区四辖区建设各具特色：新城区打造具有蒙元文化特色的辖区，赛罕区以人文教育作为发展方向，玉泉区和回民区受宗教文化影响，分别打造藏传佛教文化风格和伊斯兰文化风格。

为加强中心城市景观风貌，展现具有地域性特色的城市文化，2010年呼和浩特在原有城市景观特色的基础上统筹规划建设了"三轴、四核、六带"的景观结构。

目前城市形态已经形成以北部成吉思汗大街景观为依托的蒙元文化景观轴、贯穿城市中部的以新华大街景观为依托的中心景观风貌轴以及南北延伸的通道街塑造出的民族特色景观轴"三轴"结构；由通道路、新华西街、中山西路为区域的中心景观风貌区，小黑河、大黑河之间的新市区中心景观风貌区，东二环以东行政文化中心景观区，以大召、席力图召为中心的历史风貌景观区共同组成的"四核"景观风貌区；由小黑河、大黑河、乌素图沟、扎达盖河、哈拉沁沟这五条滨水景观带和大青山沿山坡景观带共同组成的"六带"。"三轴、四核、六带"城市景观风貌以呼和浩特城区自然景观资源为基础，是人工环境与自然环境相结合的城市景观系统，将城区山、河、城、林有机融合，特色鲜明，具有丰富的内涵，展现出了有别于其他城市的特色景观风貌。

（二）呼和浩特经济发展状况

近年来呼和浩特经济不断发展，态势良好。据 2019 年统计，呼和浩特地区生产总值达到 2791.5 亿元，成为内蒙古地区生产总值贡献率第二的城市。城市工业经济结构在各盟市中较为合理，全市形成以乳业、电力、电子信息、生物制药、冶金化工、机械制造六大产业为主的优势产业。

（三）呼和浩特城建基础

呼和浩特基础建设逐年完善，已可满足市民生产生活需求。

城市交通方面。截至 2019 年，呼和浩特已有两条环线和绕城高速，正在建设三环快速线。公交线路已覆盖全市并向开发区及县城延伸，设立了旅游公交线、夜间公交线、学生公交专线、社区公交线、BRT 等一系列特色线路；已修建运营地铁一号线。在城市对外交通方面，拥有内蒙古第一大航空枢纽——白塔国际机场，正在建设盛乐国际机场，预计 2022 年投入使用。铁路方面，于 2016 年开通呼、包、鄂动车，2019 年年底开通运营呼和浩特至北京的高铁。

供水供电方面。城市供水以地下水、黄河水、再生水三种方式满足城市需求，截至 2019 年，城区地下水资源已达到 3306.74 万立方米，供城市居民使用，工业、生态景观绿化则利用黄河水与再生水。供电模式从以火力发电向新能源发电转型，主要依靠风力、太阳能、天然气、抽水蓄能、光伏等清洁能源发电。

园林绿化方面。据 2017 年数据统计，呼和浩特已建成公园 37 处，2018 年绿化城区覆盖率已达到 39.87%，人均享有公园绿地面积达 17.27 平方米。

教育文化方面。全市共有普通高校 24 所、普通中学 115 所、小学 200 所、幼儿园 386 所。为满足市民文化教育需求，建有内蒙古图书馆、呼和浩特图书馆等 11 个公共图书馆，内蒙古博物院、内蒙古自然历史博物馆等 5 个博物馆，以及文化馆 11 个。

环境保护方面。为保护市区环境资源，设立了大青山国家级自然保护区、赛罕区石人湾保护区，建立了国家级森林公园乌素图森林公园、市级森林公园雅玛图森林公园，造林绿化 20 千公顷。

二、呼和浩特城市形象与城市文化载体探析

（一）呼和浩特城市空间载体资源

1. 自然景观空间

呼和浩特位于内蒙古中部，土默川平原之上，城北紧邻阴山山脉，属中温带大陆性季风气候，植被以温带落叶阔叶林、针叶林为主。

依据呼和浩特市城市规划，市区自然景观主要分布在城市北部大青山一带以及沿黄河景观带。大青山景观带主要是山前生态控制地带，城市规划用三年时间在北侧迎风方向进行大规模的生态修复，建设防风林带以及绿地、生态景观，将大青山打造成生态休闲观光带。目前已经形成了大面积的森林，同时城北持续开展荒山绿化，并在此基础上修建了四个生态型公园以及一条健身步道，包括乌素图国家森林公园、雅玛图森林公园、哈拉沁生态公园、大青山国家登山健身步道、小井沟生态园，在改善了城市生态环境的同时也为市民提供了观光休闲的场所。沿黄河景观带包括老年湾国家地质公园、瑞沃酒庄、神泉景区以及云中古城景区等。

表 4-1 呼和浩特主要自然景观空间

自然景观	景观特征
乌素图国家森林公园	草原生态为主，90% 的植被覆盖率，由劈柴沟旅游区、白石头沟旅游区、喇嘛洞旅游区、水磨沟旅游区、狩猎区、乌素图旅游中心六部分组成
雅玛图森林公园	5 万亩级森林公园，其中建设的万亩草场呼和塔拉草原景观被誉为"城中草原"
哈拉沁生态公园	以沙坑公园、哈拉沁沟整体景观、生态路景观为一体的大地景观生态公园，以种植生态林和风景林为主，是呼包高速沿线防风林带

自然景观	景观特征
大青山国家登山健身步道	国内首条百千米国家登山健身步道，由125千米户外骑行路线、50千米越野车体验线、70千米自驾车观光路线与穿插交错的景区组成，是国内最大的多功能景观型慢行系统
小井沟生态园	以大青山原有峡谷、沟谷景观为基础，开发森林、草原，是融山、水、树、草、沟为一体的风景园区

2. 休闲娱乐空间

呼和浩特舒展的城市风貌与地广人稀的区域特点为园林广场的兴建提供了良好的基础，为兴建大型的园林绿地提供了广阔的空间。自21世纪初实施城镇化建设以来，呼和浩特市在注重城市时代精神、文化特色、地域特色建设的同时还注重城市空间塑造的活力与多样性，增加城市绿色生态环境，推动城市的绿色优质战略和可持续发展战略实施，全市规划建设30余个主题的园林绿地，使城市内形成建筑群与生态绿地相得益彰，山川、园林、建筑群和谐的整体景观形象。

（1）回民区：现有园林八座，特色小镇一个，广场一个。

表4-2 回民区休闲娱乐空间

休闲娱乐空间	景观特征
大青山野生动物园	动物园地形、地貌以平原、丘陵、山地为特色。园区分为四大景：门前景区、青葱雨晨景区、人与自然景区、狂野之旅景区，是一所集生态旅游、餐饮、娱乐、科普教育、素质训练教育于一身的综合性园区
乌兰夫公园	乌兰夫公园得名于园内建设的乌兰夫纪念馆，同时该公园也是内蒙古爱国主义教育和社会主义核心价值观宣传的基地，是呼和浩特重要的红色旅游、生态旅游景区，也是市民重要的休闲场所

续表

休闲娱乐空间	景观特征
新钢公园	公园建设突出怀旧与现代风格相结合的理念，极力塑造植树造林年代印记及钢铁年代氛围
高勒其公园	围绕法治文化主题，凸显公园特色
西城公园	公园建设以"生态宜居，共享绿色"为主旨，园内植被种类丰富，以常绿树为主，中间穿插以山桃、海红果树、丁香、玫瑰等；园内景色随季节变换，风景宜人
新华公园	前身为呼和浩特市机床厂，占地 13.9 公顷，水域面积 6500 平方米，绿化率达 53.7%
呼和浩特市蒙亮民族风情园	蒙元文化特色景区，集蒙元文化商业区、蒙元特色餐饮区、蒙元民族风情园博物馆于一身的综合旅游景观区
青城公园	呼和浩特最有历史的公园之一，园内杨柳参天、繁花似锦，承担着主城区的天然"绿肺"的功能
莫尼山非遗小镇	非物质文化传承特色小镇，从 2018 年起规划打造"非遗活态传习基地"，将传统文化内容融入小镇的方方面面，为游客展现非物质文化，使游客身临其境感受文化
伊利广场	市区重点建设广场之一，位于通道街与中山西路交界处西北角

（2）新城区：现有园林十二座，体育休闲场所一处，特色村庄一个，广场一个。

表 4-3 新城区休闲娱乐空间

休闲娱乐空间	景观特征
蒙草集团百草园	以建设"植物种质基因库"为目标，总占地约 1.33 平方千米，园区包括乡土植物制种基地、百草园植物馆、种质资源圃、小草智慧之家、快乐小草运动体验区等

休闲娱乐空间	景观特征
新城牧歌	新城牧歌是一片以用旅游带动产业发展模式建设的城中草原，以现代牧业养殖及有机牧场为基础，利用有机肥滋养牧场，建立完整的有机循环体系，有房车基地、自驾游营地、物流配送基地等
苏雅拉公园	"苏雅拉"是蒙古语的音译，意为"文化"，公园整体设计以文化为背景，旨在打造一个集艺术观赏、日常休闲、身心锻炼、科普展览为一体的综合性公园
呼和浩特公主府公园	公园以桃花文化为载体，集中栽植了多个品种的桃树，突出桃花文化主题
成吉思汗公园	横跨成吉思汗大街，是一座全方位展现蒙元文化的公园
阿尔泰游乐园	乐园在麻花板、三合村沙坑和垃圾场的基础上改建而成。以"梦幻的天空，快乐的回忆"为主题，打造了一个满足不同年龄层次游客需求的大型现代化休闲娱乐场所
北郊公园	北郊公园是利用呼和浩特城北防风林建设的一座为市民提供休闲避暑的天然生态公园。园区种植着多种乔灌木，如油松、桦木等，为园区带来了绿色、自然、原生态的生态环境
扎达盖公园	以建设"生态园林"为指导，突出时尚性、生态性、人性化的设计理念，建设鸟语花香、溪流潺潺、绿草如茵的生态美景公园
铁路体育文化公园	原为铁路焊轨基地，狭长的带状地块，地势平坦。公园建有各类体育健身场所，打造集体育锻炼、休闲健身于一身的综合类体育文化公园
大青山林下经济主题公园	内蒙古单体面积最大的花卉基地，占地10000平方米，目前公园已种植五百余种花卉，园区以非物质文化遗产项目与养殖项目为特色，推动文化、科技发展

续表

休闲娱乐空间	景观特征
大青山红色文化公园	公园以大青山地区（内蒙古革命运动的发祥地）为历史背景，将公园建设成为集参观、教育、缅怀、休闲、健身、娱乐、赏玩、生态观察、文艺创作等多功能于一身的开放式文化旅游公园
北山公园	由渣土堆放场改建而成，体现农耕文明与游牧文明的交融碰撞，以中国古老的青砖古城墙为主题景观
脑包村	以村落为核心地区发展起来的旅游园区，被称为"塞上江南水乡"。园区建有八个区域，分别为休闲观光温室区、休闲庄园生产区、大棚生产区、农业产品配送核心区、生态酒庄区、生态农业科技展示区、生态办公区、户外苗木基地
成吉思汗广场	位于成吉思汗公园内，广场的标志性建筑是成吉思汗骑着马、手握马鞭"指点江山"的铸铜像，铜像东侧有六座以牛角元素设计的金塔，象征建设该广场时内蒙古成立 60 周年

（3）玉泉区：现有园林四座，文化创意园两个。

表 4-4 玉泉区休闲娱乐空间

休闲娱乐空间	景观特征
蒙古风情园	按照国家 4A 级旅游景区标准建设的文化旅游基地，是以蒙古族传统历史文化、宫廷文化和民俗文化为核心，以草原景观为背景的特色文化旅游项目
南湖湿地公园	南湖湿地公园设计以蒙古族发展史为主线，通过对蒙古族生活、经济、文化发展的展现，让人们领略到蒙古族草原文化、民族风情的独特魅力

休闲娱乐空间	景观特征
锡林公园	公园毗邻内蒙古大学南校区，因此选择"教育文化"作为公园主题，将"君子六艺"——礼、乐、射、御、书、数作为整个公园景点设计时的骨架，结合现代景观设计打造现代风情园林
玉泉公园	以菩提塔为中心，分为五个功能区：前广场、环塔广场、留云园、青山园、芳亭园，建筑设计精巧，植物形态优美、色彩丰富，是一座集观赏、游憩、文化、休闲于一身的生态公园
内蒙古大漠文化创意园	集文化创意、文玩古董展示交易、非物质文化遗产体验展示于一身的呼和浩特首家综合文化体验区
大盛魁文化创意园	内蒙古第一个文化创意产业园，并入大召文化产业区，是内蒙古文化产业示范基地、中国非物质文化遗产交流示范基地

（4）赛罕区：现有建设园林十座，广场一个。

表4-5　赛罕区休闲娱乐空间

休闲娱乐空间	景观特征
赛罕区城市运动公园	由废渣土堆改建而成，以增强人民体质、提高健康水平为根本目标，体现城市居民全民健身的特点
满都海公园	公园以蒙古族著名的女政治家满都海命名，汉语译为"昌盛"，经过不断改建，现已成为文化休闲的综合性公园
阿剌海公园	为纪念成吉思汗三女儿阿剌海公主而得名，内蒙古民族特色风情公园
草原丝绸之路文化主题公园	公园以草原丝绸之路文化为主线，以呼和浩特历代盛景为载体，分为盛世青城、库库和屯胜景、蒙元盛世、盛乐长歌、云中风云五大景观区段，是文化传承主题公园

续表

休闲娱乐空间	景观特征
春度廉政文化公园	取自诗句"春风不度玉门关",位于乌兰察布东路与中专路十字路口东南角,建成于2004年,是一座以"扬正气、倡勤廉、促和谐"为主题,融合了廉政文化、自然生态、蒙元文化、城市休闲等元素的主题公园
社会主义核心价值观主题公园	位于春度廉政文化公园内,名为"德园",围绕富强、民主、文明、和谐、自由、平等、公正、法治、爱国、敬业、诚实、守信而建设
敕勒川公园	中共内蒙古自治区委员会办公大楼正南方,特殊的位置要求它在承担城市公园功能的同时,亦需成为城市景观、生态和文化整体形象的代表。因此,其设计理念为"一带、一水","一带"即绿带,生态交通廊道,连接各个功能区块;"一水"即蓝带,水体廊道,串联各个景观核心
妇女儿童公园	以儿童的主动活动为设计目标,营建一个能够让儿童探索自然、自由嬉戏、快乐运动的专类公园
塬文化公园	由渣土堆改造建设,公园以窑洞文化为主要特征
呼和浩特秋岭公园	由渣土废弃地改造而成,市园林局以秋景为主题,依据当地地势特点,结合文化元素,修建了这一山体公园
如意广场	市区内最大规模的集休闲、娱乐、集会、观赏于一身的大型生态综合广场

3. 商圈及商业街区

商圈是一个城市的核心地区,具有很强的人口聚集力,呼和浩特市区最大的现代化城市商业中心是中山西路商业圈,它通过中山路这一主轴展现现代化城市风貌,是中山路与锡林郭勒路交界处形成的集超市、商场、商务中心、酒店于一身的综合商圈。

随着呼和浩特城市化进程的不断加快,该市的商圈中出现了诸多新生力量,新型商圈在不断东进、南增、北扩,使得市四区传统商圈受到了越来越多来自新兴商圈的挑战,商圈呈现越来越年轻化的趋势。大型商圈除中山西路商圈外,还有摩尔城长乐宫商业区、东万达商圈、西万达商圈等以现代化街区为主要特点发展的综合商圈。中山东路通信电脑街区以贩卖电子设备为特色,润宇商业圈以家具建材装潢为特点,火车站商圈、南茶坊商圈、旧城北门商圈以小型批发零售为主要特点,鼓楼商圈作为早期商业发展区域现已逐渐没落,其他规模较小的商业圈还有凯德茂商圈、凯元商业圈等,滨海玖禾奥特莱斯、鹏欣金游城、维多利万悦城、维多利国际广场等均以独立的建筑形成单一的商业体系,还未形成规模。

城市商业街中塞上老街、九久街以明清时期建筑为主要特色,弘扬藏传佛教文化与商旅文化,是文玩古董、手工艺爱好者的聚集地,大盛魁商业街、通顺巷也以明清特色建筑为主,大力发展饮食文化。附中东巷、万达步行街、金宇文苑商业街是以餐饮行业形成的具有现代化特点的商业街区。公主府步行街原是八一市场劳保用品一条街,经过风格整改,打造出了具有仿明清风格的集餐饮、商品贩卖于一身的混合经济街区。宽巷子、牛街及两条街区是以伊斯兰文化为特色形成的美食街区,街区内贩卖各式呼和浩特本土小吃及回族特色小吃。其中,宽巷子还集中了呼和浩特地区最著名的老字号和知名门店。

4. 纪念空间

一座城市的发展是一部内容极其丰富的历史剧,城市中的空间建筑记录着这个城市独有的故事。呼和浩特市作为国家级历史文化名城有着丰富的历史文化遗产,纵观历史,几乎每个朝代都给呼和浩特留下了丰富的印记。大南街—大北街—中山西路—中山东路—新华大街沿线记录了呼和浩特老城故事的主要脉络,大南街沿线的大小召庙代表了呼和浩特深厚的藏传佛教文化和汉传佛教文化渊源,回民区大北街沿线清真寺代表了回族人民的文化信仰,将军衙署则是清代呼和浩特行政管理的历史缩影,新华西路上的乌兰夫纪念馆等是呼和浩特地区红色革命的历史丰碑。玉泉区作为呼和浩特旧城，受藏传佛教文化和汉传佛教文化的影响，城区还遗留了多种宗教建筑，清朝时期有"七大召，八小召，七十二个绵绵召"的说法，因此呼和浩特在当时被称作"召城"。现存藏传佛教建筑有大召寺、席力图召、乃莫齐召、拉布齐召、五塔寺等。

表 4-6　呼和浩特纪念空间

呼和浩特纪念空间	红色纪念空间	乌兰夫纪念馆	建于 1992 年，位于回民区植物园内，是中国共产党中央委员会宣传部命名的"全国爱国主义教育示范基地"
		多松年烈士纪念馆	多松年烈士故居位于呼和浩特市新城区，该纪念馆是为了纪念蒙古族革命活动家和民族解放的先锋战士多松年而建的
		内蒙古革命烈士陵园	位于呼和浩特市新城区，园区自 1980 年清明节起对外开放，列为"全国爱国主义教育示范基地"以及"全国重点烈士纪念建筑物保护单位"
		大青山英雄纪念碑	位于青城公园内，为纪念大青山地区在历次革命战争中牺牲的先烈们而兴建，2011 年被列为"内蒙古爱国主义教育基地"
		抗日阵亡将士纪念碑	位于呼和浩特公主府内，为纪念傅作义将军指挥的华北军第七军团第五十九军阵亡的 367 人而建。纪念碑始建于 1933 年，由傅作义将军亲笔题写碑名"华北军第五十九军抗日阵亡将士公墓纪念碑"
	伊斯兰教纪念空间	清真大寺	清朝与噶尔丹汗开战，康熙帝下旨遣返噶尔丹汗回族部众，不愿被遣返的回族在归化城北定居下来，形成了后来的归绥市回民自治区，他们信仰伊斯兰教，并建造了呼和浩特最早的清真寺——清真大寺。清真大寺位于呼和浩特市旧城通道南街东侧，是所有清真寺中，建筑年代最早、规模最大的一座，故名清真大寺
		清真东寺	建于同治二年（1863），位于呼和浩特市旧城新民街东侧，前身为清真小学堂
		清真北寺	建于 1932 年，呼和浩特市回民区通道南路 93 号
		清真东北寺	建于 1940 年，位于回民区宽巷子东口
		清真南寺	光绪二十五年（1899）扩建，位于呼和浩特西顺城街
		清真小寺	建于 1982 年，位于呼和浩特市回民区通道南路友谊巷
		清真东北女寺	位于回民区通道南路，建于 1946 年

续表

呼和浩特纪念空间	佛教纪念空间	大召寺	建于万历七年（1579）。在呼和浩特的众多召庙中，大召寺是最负盛名的一座，它是由归化城创始人阿拉坦汗亲自主建的第一座蒙古族藏传佛教寺院。大召寺还请来了活佛坐床，它也因此成为呼和浩特宗教核心寺院，是呼和浩特地区十五大藏传佛教寺院中规模最大、地位最高的寺院，也是明清时期漠南蒙古地区最具影响力的寺院
		席力图召	建于万历十三年（1585），位于昭君路东西两侧，是藏传佛教举行仪式和朝拜的重要场所
		乃莫齐召	建于康熙八年（1669），位于呼和浩特玉泉区西顺城街 6 号，蒙古语意为"医生庙"，是内蒙古唯一的药师佛庙
		拉布齐召	又称"弘庆召"，建于康熙六年（1667），位于大召寺以南，清朝康熙帝赐名"弘庆寺"。曾经的拉布齐召建制与规模与大召不相上下，但现如今很少有人知道它的存在
		五塔寺	又名慈灯寺，建于雍正年间，位于席力图召东南方向，塔身下方镶嵌的蒙文天文图是世界上唯一一幅蒙文标注的天文图，极具历史价值
		观音寺	始建于清朝嘉庆年间，位于鄂尔多斯街北，泉源巷东，是呼和浩特地区规模最大且保存较完整的一座汉传佛教寺庙
	道教纪念空间	太清宫	内蒙古现存的唯一一处道教庙宇。清朝以来呼和浩特市区建有多座道教庙观，最集中的地方在现在的新城区辖区内，少部分分布在玉泉区内。但现存道教庙观仅有太清宫
	天主教纪念空间	新城基督教教堂	建于 1928 年，现位于新城南街劝业场南侧，是全自治区信徒人数最多的教堂
	历史纪念空间	和硕恪靖公主府	位于呼和浩特新城区通道北路 62 号，是康熙皇帝六女儿恪靖公主下嫁漠北喀尔喀蒙古土谢图汗部多布多尔济后所建的府邸。公主府是国内唯一一处清代公主府邸，至今保存完好
		绥远将军衙署	修建于雍正十三年（1735），是清朝设立的办公衙门，用来管理归化城、漠南蒙古，统领宣化、大同驻兵。位于现呼和浩特新城区新华东街与哲里木路交界处西北角，于 1992 年成立将军衙署博物院

呼和浩特纪念空间	历史纪念空间	呼和浩特市博物馆	原内蒙古博物馆，是为庆祝内蒙古自治区成立10周年建立的。建筑顶部安放一匹白马雕塑，是呼和浩特市地标性建筑。西侧的内蒙古人大办公楼是自治区第一座现代风格的蒙古包风格元素的建筑
		内蒙古博物院	建于2007年，是国家一级博物院，建筑将现代设计、民族文化与地域特色完美融合形成了内蒙古的标志性建筑
		昭君博物院	建于汉代，位于市区南郊9千米处，中国最大的汉墓之一

（二）呼和浩特城市符号载体

1. 城市建筑

城市建筑作为呼和浩特重要的城市文化组成部分，目前市区建筑主要有以下特点：一是以现代化建筑为主要特征，目前在呼和浩特市区的大量建筑主要以现代化建筑为主，大量现代化建筑群矗立，这种现代化气息不仅体现在建筑的造型上还体现在建筑的功能上；二是民族化特征明确，进入20世纪90年代后，随着建筑行业的空前繁荣，以及各地对地域文化的重视与表达，内蒙古地区涌现出一批以蒙元文化为元素的地域特色建筑，特别是在迎接内蒙古成立60周年大庆期间，呼和浩特市建造了一批极具民族特色的献礼工程，如呼和浩特体育运动中心、内蒙古博物院以及内蒙古科技馆。地域文化特色建筑增加了呼和浩特市建筑的独特审美内涵，提升了城市文化形象的深度，拓宽了其广度。

表4-7　呼和浩特建筑符号载体

代表性建筑	特征
呼和浩特体育场、内蒙古体育馆	位于成吉思汗大街，2007年完工并投入使用，造型创意取自草原博克手的盔甲、战袍和腾飞的雄鹰，建筑宏伟，极具民族文化特色，被称为"草原上的明珠"，是西北地区规模最大、设施最完善的体育场所

代表性建筑	特征
内蒙古博物院和乌兰恰特大剧院	位于内蒙古呼和浩特市新城区新华东街，建成于2007年，内蒙古博物院与乌兰恰特大剧院两大建筑组成了一个庞大的建筑群，寓意成双成对、包容和谐等。建筑将现代设计、民族文化与地域特色完美融合，是内蒙古境内规模最大、设施最齐全的现代化公共文化场所
海亮广场	位于呼和浩特市中山路商业圈核心地段，主建筑高176米，顶部设计具有浓厚的蒙古族风格，是呼和浩特城市地标性建筑之一
呼和浩特白塔国际机场	位于呼和浩特市赛罕区机场路，设计理念突出地域特色，以哈达和蒙古包作为造型元素，航站楼主楼以蒙古包作为造型元素，白色高架桥如同洁白的哈达飘逸在楼前，航站楼由主体、连廊和指廊组成，一层为进港大厅，二层为出发大厅
呼和浩特市博物馆	位于呼和浩特市新城区新华大街，为庆祝内蒙古成立10周年而建，建成于1957年，建筑顶部安放一匹白马雕塑，象征着内蒙古吉祥与腾飞，建筑整体造型、檐口、装饰都极具民族地域特色，是呼和浩特市标志性建筑之一
内蒙古少数民族群众文化体育运动中心	位于呼和浩特市新城区保合少镇，是为庆祝内蒙古成立70周年建立的，建筑风格结合草原文化与现代文化，建设内容包括看台主建筑、标准赛道、马厩及停车广场等
内蒙古国际会展中心	位于呼和浩特市二环东路中段，是由会展中心、五星级酒店、商务写字楼、公寓和商业中心组成的建筑群，推动了呼和浩特市乃至自治区的对外开放、招商引资工作的开展以及与其他地区在投资、贸易、科技、文化、信息等方面的交流与合作

代表性建筑	特征
呼和浩特东站	位于呼和浩特市如意开发区，2011 年正式投入使用。呼和浩特东站建筑将现代交通建筑、绿色建筑与地域文化特色有机融合，以"草原穹庐、展翅雄鹰、白云故乡、青色之城"作为设计灵感
内蒙古美术馆	位于呼和浩特市赛罕区西把栅机场路，2015 年重新选址新建，建筑造型简洁且具有曲线美，如同坠落于草原上的陨石

2. 小品与公共设施

呼和浩特市的城市家具设施在特定的景点区域设计较有特色，在一些街区为迎合街区主题将装饰照明与街区风格进行了统一，例如，成吉思汗大街路灯装饰的设计是蒙元风格。城市公共设施（如交通指示牌、广告标牌、宣传栏、候车亭等）均运用蒙汉双语标注，设有青城驿站公共服务点，为市民提供便民服务。

3. 城市雕塑

呼和浩特城市雕塑主要可分为三种类型。

一是特色区域文化，宣扬城市独特历史文化。例如，回民区体现伊斯兰文化，通道南街上清真大寺的门楣与墙面雕塑，寺外墙雕刻的浓郁伊斯兰风情的花卉图样，雕塑《跋涉》展示着的回族人民当年的日常生活，大召、小召、观音庙塑的各自宗教神灵像等，都体现了浓郁的伊斯兰风情。

二是凸显民族文化题材，呼和浩特虽然是由蒙古、汉、回三民族为主的多民族聚居城市，但受到蒙元文化的影响最深，城市的街道景观、雕塑多有表现蒙元文化题材的内容，如成吉思汗广场前成吉思汗雕塑、阿阑·豁阿主题雕像、苏鲁锭主题雕塑、奶茶飘香主题雕像、"草原之歌"雕塑、"希望之光"雕塑、火鼎雕塑等。这一系列蒙元风格雕塑是呼应城市规划"三核"之一以蒙元文化为基础建设的成吉思汗大街的整体风格特色。博物馆楼顶马的雕塑以及"中国乳都"标志雕塑，都展现了呼和浩特蒙元文化特征。

三是城市历史文化的展现，诸多雕塑中有的展现了重大的历史事件，有的则是历史人物的纪念，还有的则表达了学术追求、科学文化等题材，凸显城市文明与进步。例如，成吉思汗广场的成吉思汗雕像、大召寺前街的阿拉坦汗雕塑等是蒙古族民族英雄的代表，乌兰夫纪念馆的乌兰夫雕像是对乌兰夫重大革命贡献的纪念，中国优秀旅游城市的标志雕塑"马踏飞燕"雕塑的设计安置旨在打造东二环以东行政文化中心景观区等。

呼和浩特最具城市标识的雕塑是位于中山东路与呼伦贝尔南路交界处的"中国乳都"雕塑，这个雕塑是 2005 年呼和浩特被中国轻工业协会和中国乳制品工业协会命名为"中国乳都"的纪念雕塑。

4. 城市标识

呼和浩特市市花为丁香，市树是油松。这两项由 1986 年 11 月呼和浩特市第八届人民代表大会常委会第 15 次会议讨论通过。

（三）呼和浩特城市活动载体

1. 传统民俗活动

民间文化艺术周举办至第四届，以百姓大舞台、晋剧大舞台、非遗项目展示等形式展现民俗文化、非遗文化、民族文化，弘扬中华传统文化，促进美丽乡村建设。大召寺设有晒大佛、跳恰木、送巴令等活动，每年年初还会有文化庙会，由民俗文化展示、民族文化展示、文化旅游展示、群众参与四方面组成，大力推动精神文化的传播。

蒙古族传统祭火仪式的时间是每年的腊月二十三，众多身着传统服装的蒙古族百姓会在这一天聚集在指定的场所点起篝火举行祭火仪式，祈盼新年风调雨顺、国泰民安。

内蒙古草原旅游那达慕大会自 1991 年起开始举办，每年八月左右都会在内蒙古赛马场举行开幕仪式，它是在那达慕大会的基础上融入了经贸洽谈、物资交流和竞技比赛、文娱活动而形成的。内蒙古乌兰牧骑艺术节每两年一次在呼和浩特举行，它增添了节日欢庆气氛，同时也推动了草原旅游事业的发展。

2. 现代城市活动

昭君文化节于 1999 年顺利举办第一届，自此每年一届，文化节期间通常举办文化活动、经贸活动、体育旅游活动、会议研讨活动。昭君文化节的举办提高了城市的知名度和影响力，推动了城市建设、文化经济的发展。第十届昭君文化节以"天堂草原，魅力青城"为主题，自此，"天堂草原，魅力青城"成为呼和浩特的城市宣传语。

公主府公园桃花节自 2002 年起已举办到第七届，以观赏桃花为主要特色，以打造美丽宜居首府为目的，让更多的游人深入了解园林绿化知识，引导入园游玩的人们做爱绿护绿的使者。

呼和浩特草莓节目前已举办了三届，草莓文化节设有比赛活动、摄影活动、知识讲座等互动娱乐项目，广大市民可以在活动现场购买草莓、体验采摘乐趣。草莓节的设立使呼和浩特形成了特色品牌产业，这一活动也成为当地农民增收致富新途径。

乌兰牧骑艺术节，"乌兰牧骑"蒙古语意为"红色文化工作队"，每两年在呼和浩特举办一次，有时与内蒙古草原旅游节、那达慕大会同时举行，各旗、县乌兰牧骑均前来参加会演，既为草原增添了节日气氛，也为少数民族艺术事业作出了贡献。

（四）呼和浩特城市精神文化载体

呼和浩特的城市精神为"开放、包容、和谐、共生"。

三、呼和浩特城市文化载体存在的问题

（一）空间载体中存在的问题

商业圈及商业街方面：多个新兴商圈的出现给呼和浩特市带来了年轻的商业文化，但从商业圈总体的形象定位来看，目前市区商业圈形象并未形成明确的环境设计定位，空间打造以年轻客户群体的喜好为主，很难让顾客产生主题的共鸣；商业街区的规划则更加注重区域的功能与特色，呼和浩特市具有一定特色的商业街区如大盛魁商业街、通顺巷、中山东路通

信电脑街区等都已形成一定的商业特色，但在体现地域特色文化、文商旅结合方面都仍需加强。

纪念空间方面：呼和浩特市区内对原有的历史文化保护稍显不足，造成呼和浩特市区历史文化脉络保护发展不均衡。呼和浩特作为一座历史文化名城，历史文化要素丰富，但现有历史文化空间主要保留在玉泉区的三角地带以及回民区，其他地区的历史文化建筑、街区较少。

（二）城市符号载体中存在的问题

1. 城市建筑载体

一是呼和浩特市内建筑中有许多过去规划控制不利的杂乱建筑，影响了城市整体的特征风貌。二是地标性建筑设计缺乏，建筑是体现城市风貌最重要的实体，尽管近些年呼和浩特不断尝试有地域特色的建筑形式建设，但具有城市文化特色的建筑群还没有形成，地域符号性建筑缺乏。三是大多民族风格建筑流于形式，建筑形式更多地追求民族符号与图案的探索，如"蒙古包"造型作为呼和浩特城市建筑中最常见的形式，在城市中随处可见。但仅将民族符号形式化、风格化，并不能唤起城市居民对民族形式的共鸣与精神感悟。应在设计中融入草原民族精神，创新传统形式，将新的设计观念、新的材料、新的科学技术手段融入建筑设计中，为城市文化形象的塑造注入创新的活力。

2. 城市雕塑载体

呼和浩特市内雕塑作品特色各异，其中有很多表现民族特色的雕塑作品，但总体来看，市区内雕塑作品还存在以下问题：

（1）雕塑作品与建筑、环境、空间的协调问题。雕塑作品作为一种公共艺术，是城市的"点睛之笔"，雕塑作品需要围绕周围的环境空间、文化氛围进行创作，但呼和浩特市很多空间内的城市雕塑作品与周围环境协调性不足，如位于苏雅拉公园内的双拥模范城雕塑，它与周围优美的公园环境很难协调，显得格格不入。

（2）雕塑放置缺乏规划，种类繁多。以如意广场为例，如意广场定位为大型生态综合广场，广场内立有多个雕塑，如中国古代四大美女雕塑、

"气贯长虹"雕塑、市民生活雕塑以及文化墙画壁等，从古代历史文化到现代生活、从欧式到传统中式，样式混杂、种类繁多，如此类型的公共艺术展示形式在市区还有不少。要改变这种情况就需要在规划之初确定公共艺术品的主题，形成整体一致的风格特征。

（3）城市小品与公共设施方面。呼和浩特市的城市小品与公共设施建设风格的统一与城市特色的构建还有待改善，城市小品与公共设施建设还停留在能用、够用的层面，在装饰、美化城市的整体形象方面目前还很缺乏，需要进一步提升。

（三）城市活动载体存在的问题

城市活动载体宣传不到位。近些年，呼和浩特为打造旅游城市形象，举办了诸如草莓文化节、乌兰牧骑艺术节等活动，同时让它们与传统的那达慕大会相结合，共同营造了呼和浩特市旅游形象。但总体来讲，目前市区人文活动、城市节事、市民活动组织相对较少，活动场地缺乏，活动载体起到的作用有限。

（四）城市精神文化载体存在的问题

由于缺乏明确的城市品牌形象，呼和浩特城市品牌形象目前还没有明确的语言表达，导致呼和浩特市城市形象分散，不具有强有力的文化品牌效应。作为塞外明珠的呼和浩特是一座历史名城，拥有丰富的物质文化和精神文化资源，城市品牌形象的塑造应该以一个核心形象作为主要的发展方向，打造强有力的区别于其他城市的具有地域特色的统一的城市形象，使城市形象深入人心，提高城市的竞争力，带动经济发展，使呼和浩特成为极具特色的首府城市。

四、呼和浩特城市文化形象定位

城市文化是城市的精神核心，纵观呼和浩特城市发展的历史，草原文化是这座城市文化的根脉，也是呼和浩特城市文化的核心，呼和浩特城市文化的定位应突出草原文化的核心要素。城市文化是一个多层面、多因素的复杂系统，受到历史、政治、经济、科技、资源等因素的综合影响。

2000 年，呼和浩特市委、市政府将呼和浩特市的整体文化定位确定为"以草原文化为底蕴，以民族文化、昭君文化为特色，以先进文化为方向"。这一定位既反映了呼和浩特市的历史与特色文化积淀，又体现了呼和浩特市未来的发展方向。结合呼和浩特整体定位，可以进一步将呼和浩特城市文化形象定位为以下几点：

1. 多元融合

呼和浩特 2400 多年的建城史，实质上是多种地域、经济、民族文化相互碰撞、相互交融的过程，不同的民族聚居共存。历史上鲜卑、突厥、契丹、女真等不同游牧民族先后入主城市，而后在以蒙古族人民为主体的绥远城、归化城中，蒙古、满、汉、回、藏等各族人民和平聚居，多元文化逐渐融合，形成了今天传统与现代有机统一的特色地方文化。

2. 蒙古族文化

呼和浩特地区自古以来都是少数民族游牧之地，呼和浩特蒙语意为"青色的城"，从字面上来看，青色代表草原，地域上具有鲜明的民族特色。自元朝起土默川平原一直受蒙古部落管辖，直至清朝，蒙古族一直都是城市人口的主要组成部分，城市文化也以蒙古族文化为主。作为内蒙古的首府，呼和浩特大力发展蒙元文化，建设了以蒙元文化为特色的成吉思汗大街，打造了众多具有蒙古族文化元素的建筑、景区、休闲娱乐活动场所，如内蒙古少数民族群众文化体育运动中心、蒙古风情园、蒙古大营等。

3. 召城特色

呼和浩特曾经被誉为"召城"，明朝时期，土默特部落占领土默川平原，成为当时最有权势的部落。其首领阿拉坦汗为巩固统治将藏传佛教引入土默川平原，在呼和浩特旧城归化城建起了内蒙古地区第一座藏传佛教寺庙大召寺，归化城也就成为内蒙古地区藏传佛教传教的核心发展地区。藏传佛教发展到清朝时期，流传有"七大召，八小召，七十二个绵绵召"的说法，可见当时呼和浩特地区的召庙之多。

4. 伊斯兰文化

伊斯兰教最早传入内蒙古是在辽代，明朝时期因阿拉坦汗与明朝在呼和浩特开通互市，有大量的回族商人往返居住于此地。康熙年间，清朝与噶尔丹汗开战，康熙帝下旨遣返噶尔丹汗回族部众，不愿被遣返的回族在归化城北定居下来并建造了呼和浩特最早的清真寺。回民区是回族在呼和浩特地区的主要聚集地，因此清真寺都在这个辖区建造。为体现伊斯兰风情文化，呼和浩特将通道街建设为伊斯兰风情街，伊斯兰商业街宽巷子、牛街尽显伊斯兰文化。

5. 产业特色——中国乳都、中国云谷

呼和浩特素有"中国乳都"之称，"蒙牛""伊利"两家国内知名乳业品牌成为呼和浩特经济的重要支柱。2005 年 8 月 28 日，呼和浩特市被中国乳制品工业协会命名为"中国乳都"。现如今除"蒙牛""伊利"外，呼和浩特还建设发展了 13 家乳品加工企业，使"中国乳都"称号实至名归。

自 2016 年起，呼和浩特借助国家大数据基础设施类综合试验区建设契机，在和林格尔新区新建了工业互联网和工业大数据基地，打造了"中国云谷"。目前服务器装机能力已达到 70 万台，远期规划规模达 368 万台，居全国第一。新区着力发展"大数据+"后续产业，先后引进了百度、阿里巴巴、腾讯、搜狗、苏宁易购等 110 多家国内外知名应用企业，共注册云计算、大数据科技企业 390 余家，快速强化了大数据产业体系构建。目前呼和浩特市和林格尔新区正在努力打造国际领先、符合内蒙古传统工业转型升级特点的工业。

第二节　包头市城市文化定位与城市文化载体

包头市位于内蒙古中西部，蒙古高原南端，北依大青山，南邻黄河，城市整体地势西北高、东南低，地理坐标是东经 109 度 15 分至 110 度 26 分，北纬 40 度 15 分至 42 度 43 分，是内蒙古重要的经济中心，是呼包鄂城市群中心城市之一，也是中国重要的工业基地和全球轻稀土产业中心，以及国家呼包银榆经济带和内蒙古呼包鄂经济圈的重要组成部分。包头市作为重要的枢纽城市承担着在华北与西北城市间承东启西的联结作用，同时包头市也被评为"西部地区宜居城市"，2005 年首批列入中国文明城市行列，2011 年起连续五次荣获"全国文明城市"称号。近几年，包头也在面临着转型，由资源型城市向生态宜居型城市转变，政府加大力度对资源环境进行治理，也更注重历史文脉和地域特色的打造。

一、包头市概况

（一）城市景观风貌特色

包头市辖 9 个旗县区和 1 个国家级稀土高新技术产业开发区，昆都仑区、青山区、九原区、东河区、稀土高新技术产业开发区为中心城区，3 个农牧旗县包含达尔罕茂明安联合旗、固阳县、土默特右旗。市域面积达到 27768 平方千米。城区建设呈带状布局，东河区以老包头历史文化特色为主，昆都仑区以工业文化为主，青山区以兵工文化为主。包头城区空间发展布局以"二心、两带、四区、多点"为建设思路。"二心"包括一主心和一副心。主心指以包头市新都市中心区为核心的包头市中心城区，包含昆都仑区、青山区、九原区、东河区和高新区的大部分建设用地，是包头市近期经济和发展的重要区域；副心是指包头市的辅城萨拉齐。"两带"是指包头市中心城区、辅城北面的大青山山脉和包头市南界的黄河沿线地区。主要涉及麻池、南海湖区周边地区、昭君岛、小白河、秦直古道、湿地风情园、白银湖等景观。"四区"为包头市中心城区外围的四个独立的工业基地。主要包括生态铝业基地、金属深加工和新型工业基地、装备制造产业基地、高新技术特色产业化基地及风光新能源产业化基地。"多点"是指市域其他地区重点发展的城镇，涉及中心城区、辅城一线及市域北部的大小城镇。

（二）经济发展状况

包头市依托重工业经济，正在持续稳定发展钢铁、铝业、装备制造、电力及稀土五大支柱产业，也在努力发展战略性新兴产业和高技术产业。

2019 年国内生产总值位居全区第三。为进一步发展西部经济，加强西部与华北地区的联系，国务院在 2012 年批复建设呼包银榆经济区。作为内蒙古经济的核心区域以及内蒙古全区国内生产总值的前三强，呼包鄂城市群的设立对带动内蒙古经济有着重要作用，是内蒙古地区的"金三角"地带。

（三）城建基础与人口规模

包头正在由传统工业型城市向区域性中心城市发展。城市建设以建设资源节约型和环境友好型城市为目标，注重城市居民生产生活环境，大力保护城市的历史文化以及城市风貌特色。注重保护和节约水资源，建设节水型城市，积极推进海绵城市理念的实施。

城市基础设施进一步完善，为城市居民创造便利条件，满足人们的物质及精神需求。

交通方面。包头市将道路分为快速路、主干路、次干路和支路四个等级，中心城区道路横平竖直，建设起了"五横九纵"的棋盘状道路骨架。城市公交截至 2019 年共设有 67 条，公交车辆达到了 1274 辆。在城市外交通方面，包头市东河机场位于东河区，城市东侧，距包头东火车站 8000 米，是 4D 级国际支线机场。包头拥有火车站两座，包头站位于昆都仑区，包头东站位于东河区。2016 年开通呼包鄂动车，2019 年年底开通运营包头至北京的高铁，全程仅需两个半小时。

供水供电方面。包头市 2019 年地下水、地表水与再生水使用量共计 102104 万立方米，其中地表水用量达到 59.3%，是蓄引水工程与黄河提水工程的总和，地下水资源使用占比 34.5%，再生水占比 6.2%。城市供电消耗量以工业用电为主，供电采取火电与新能源发电相结合的生产模式，新能源发电以风力、水能、生物质、太阳能为主，风电占到总比重的 82%。

绿化方面。截至 2018 年，城区绿化面积达到 44.5%，市区内面积达一万平方米以上的公园绿地广场多达 71 个，相邻的园林绿地也依靠城市绿道连接起来，基本构建起了"300 米见绿、500 米见园"的城市绿地格局。

教育文化方面。全市拥有普通高等院校 5 所，中专和职业高中 20 所，普通高中 39 所，普通初中 57 所，普通小学 138 所，普通幼儿园 337 所，其中少数民族中小学、幼儿园 22 所。拥有专业艺术馆 7 个，群艺馆、文化馆 12 个，公共图书馆 10 所，国有博物馆 4 个，美术馆 1 个。

卫生事业方面。全市拥有卫生机构 1910 个，其中医院 105 所，所有卫生机构共可提供床位 20616 张。

科研方面。拥有各类专业技术人员 18 万余人，国家及自治区研发机构 64 家，国家和自治区重点实验室 10 个。2018 年全年共完成专利授权量达 1863 件，签订的技术合同总值达到一亿元人民币。拥有院士工作站 45 家，国家级众创空间 11 家，星创天地 3 家，拥有国家级工程中心 1 家，企业技术中心 7 家，重点实验室 2 家，科技企业孵化器 3 家。

环境保护方面。2018 年全年人工造林 3.1 万公顷，且进一步实施了退耕还林工程、天然林保护工程、京津防沙源工程。

人口规模方面。包头是一座典型的移民城市，历经了多次大规模的人口迁徙，是一个蒙古、汉、回、满等 51 个民族和睦相处的城市，除了世居的蒙古族以外，其他民族主要来自华北和东北等周边盟市。截至 2019 年年底，包头市常住总人口达到 289.7 万人，其中城镇人口 243.1 万人，乡村人口 46.6 万人，常住人口城镇化率为 83.9%。

二、包头城市形象与城市文化载体探析

（一）包头城市空间载体

1. 自然景观空间

包头市位于内蒙古中西部，属半干旱中温带大陆性季风气候，植被以温带落叶阔叶林、针叶林为主。城市北靠大青山，南靠黄河，城市中部山岳地带、城北高原草地、城南平原三类地貌以及黄河水文地理特征形成了包头市丰富的自然景观空间。包头近年来积极发展全域旅游，2017 年包头全力构建"一环、三带、四区"的全域旅游发展空间，实现了包头旅游新跨越，打造了一条穿阴山、跨森林、访古寺、越长城、过草原、游湿地、

赏花海的 360 千米风景自驾环线，北部形成了以游牧文化为主题的草原游牧风情旅游带，中部形成了以山地森林探秘为主题的阴山探秘休闲旅游带，南部形成了以温泉度假、黄河湿地观光为主题的黄河湿地温泉度假带，全域形成了土右、石拐、固阳、达茂特色化发展优势和差异化联动的旅游格局。

同时，包头结合自然生态景观打造公园、景点，如将黄河湿地打造为全国最大的严寒高纬度湿地公园，将赛罕塔拉打造为天然城区草原区等。目前，全市自然空间已经被打造为包含湿地景区、草原景区、山石景区的生态空间。

表 4-8 包头主要自然景观空间

自然景观	景观特征
包头市黄河国家湿地公园	由昭君岛、小白河、南海湖、共中海、敕勒川五个片区组成，是中国最大的严寒高纬度国家湿地公园，同时也是"中国黄河 50 景"之一，自西向东分为滩、水、园、林、岛五个主题片区
南海湿地景区	位于内蒙古包头城区东南侧，曾是南海渡口，包头有"水旱码头"的称号，这里码头即指南海子码头。现在，包头南海风景区有"塞外西湖"的美称，是国家 4A 级旅游风景区。其风景既有塞外的辽阔、粗犷，又有江南水乡的柔美
赛罕塔拉生态园	位于包头五个城区之间，是我国城市中最大的天然草原园区，总占地面积 770 公顷，由草原和林地两部分组成，园区内大部分为天然草滩。"赛罕塔拉"在蒙语中意为"美丽的草原"，每当夏季来临，这里便成为草原天堂，如同诗中所描绘的"天苍苍，野茫茫，风吹草低见牛羊"。在这里也可体验蒙古族人民的生活方式，它是包头展现蒙元文化，体现民族风情的重要特色景观

自然景观	景观特征
梅力更自然生态风景区	位于包头市区西 30 千米处，景区以"山水林石"著称，是国家 4A 级旅游风景区和自治区级自然保护区。风景区以花岗岩高山、瀑布和植物为主要特色
石门风景区	即昆都仑水库，位于包头市西北 10 千米的阴山山脉大青山与乌拉山相接的峡谷中，是包头地区集防洪、供水、水保、旅游于一身的综合性水利工程
九峰山自然保护区	位于土默特右旗萨拉齐镇往东北行约 10 千米处，海拔 2338 米，因九座依次增高的山峰相连而得名。保护区内有季节性的瀑布，大小山峰峭壁屹立，雄奇伟岸
希拉穆仁草原	位于包头市达茂旗。这里昼夜温差大，素有"早穿棉袄，午穿纱，怀抱火炉吃西瓜"的说法，是大自然赐予我们的天然的"避暑山庄"
春坤山	位于包头市固阳县东部，属于高原草甸草场，处于包头的最高点，春坤山景色宜人，地形奇特，每年 6、7 月来临，春坤山宛如人间仙境

2. 休闲娱乐空间

包头市目前城市绿化覆盖率达到 44%，形成了"三百米见绿，五百米见园""半城楼房半城树"的城市风貌。城市建设以"公园棋布、森林围城、组团隔离、绿网相连"的城市构架为依据，百座城市公园广场彰显了"依山傍水、生态环保"的特色。根据包头市政府公布的数据，该市共有大型（10000 平方米以上）广场 34 个，其中代表性的城市广场包括阿尔丁广场（昆都仑区）、友谊广场（昆都仑区）、银河广场（青山区）、晋商文化广场（东河区）。城市广场是"城市的会客厅"，是城市文化历史的集中体现。

　　包头市先后获得了"联合国人居奖""中国人居环境范例奖""国家森林城市""国家园林城市""国家卫生城市""第三届中华环境奖""全国水土保持与生态环境建设示范城市""中国优秀旅游城市"等荣誉。

　　（1）昆都仑区：建设的休闲娱乐空间有七座公园，一个植物园，三个广场。

表4-9　昆都仑区主要休闲空间

休闲娱乐空间	空间特征
昆都仑河湿地公园	位于昆都仑水库与110国道之间，设计的核心在于用生态思路兼顾水利工程与景观工程，用"生态+"的方式进行治理，打造"一带、两岸、三区、四点"的园林水系
昆河公园	位于昆都仑河东岸，紧邻昆都仑河，呈带状分布，公园全长11.6千米，绿地面积198.9万平方米，包含丰富的植被种类。同时公园内包含马蹄迎宾广场、音乐喷泉文化广场
包钢公园	位于昆都仑河河西，建成初期名为河西公园，与昆都仑河景观带隔河相望。公园建设以改善河岸环境优化河道的生态为目标，旨在打造包头市母亲河的形象
包头乐园	位于民族西路和富林路交界处西北角，建于2007年，是包头市委、市政府为全市人民办的十八件好事实事之一。占地面积达50多万平方米，是一座集旅游、娱乐、文体休闲、园林绿化及园林景观为一体的综合性大型主题游乐园
八一公园	位于钢铁大街和林荫路交界处，建于1958年。1997年公园向大众开放。园区内有健身区、游览区、动物区、游乐区等
苏雅拉游园	位于团结大街与阿吉奈道东南角。早期是包头市的防风固化林带。1997年为增加居民生活绿地面积，经政府改造建成。游园展现了昆都仑文化、蒙元文化、民俗文化等多元文化

休闲娱乐空间	空间特征
党建主题公园	位于包头市昆都仑区团结大街与民族西路交叉口西南 50 米，建成于 2017 年，占地约 5 万平方米，是一所宣传红色党政文化的主题公园。苏雅拉游园与党建主题公园均以文化主体作为公园建设目标，旨在加强昆都仑区市民的精神文化建设
阿尔丁植物园	位于昆都仑区阿尔丁大街北街，由阿尔丁大街分为东西两个园区，植被绿化面积达到 80%。被称为包头市的"城市绿肺"。园中处处生机盎然，空气质量极佳，是市民晨练、散步的首选之地。园区在造园手法和设计理念上都独具一格，使人与自然和谐相处，该植物园也成为包头城市的亮丽风景线
阿尔丁广场	位于阿尔丁大街之上，广场北部紧邻钢铁大街以及昆都仑区人民政府。广场建成于 1989 年，占地面积相当于天安门广场的四分之一，是内蒙古自治区第三大人工广场和世界十大人工广场之一
站前和谐广场	包头火车站广场，位于阿尔丁大街南端尽头。广场上竖立着包头的标志性雕塑之一——"包"字雕塑，为初次到访包头的人们留下了良好的第一印象
友谊广场	位于阿尔丁大街，北邻友谊大街。呈现梯形布局，是阿尔丁大街重要的景观之一。近年来政府以建设绿色休闲广场为主导思路，打造中心主题广场，建设公益电影放映点，把友谊广场建设成了一个可供休闲娱乐、环境优美的一体化的综合性广场

（2）青山区：建有七座公园、一个广场以及一个兵器城。

表 4-10 青山区主要休闲娱乐空间

休闲娱乐空间	空间特征
劳动公园	位于青山区呼得木林大街南端路西，市区三辖区交界处。1979年向广大市民开放。公园占地 54.29 万平方米，是包头市开放式管理的大型公园之一
奥林匹克公园	位于建设路以北、建华路以西、青山路以南区域。于 2015 年完工，占地面积 184 万平方米，有包头市体育中心、沙滩、瀑布、景观阁、荷花池五大景观，是一座以市民休闲健身为主题的大型综合性体育公园
锦林公园	位于青山路与邻圃道交叉口西北角处，前身为第一苗圃，2007年规划建设成为以休闲娱乐为主题的公园，全园以植物景观为主，辅以水系以及园林小品
青山公园	位于自由路与文化路交叉口东北角，建于 1956 年，总占地面积 12.5 万平方米，公园以"人·树·生活"为主题，为市民打造具有时代感、生态性和景观效果的公园景观
天鹅湖公园	位于青山区厂前路，建于 2001 年 8 月，园中人工湖外圈造型像一只白天鹅故名天鹅湖公园。园内建有假山及人工桥，并有游船供游人游玩。天鹅湖水深 8 米，也是坦克潜渡试验基地
鳄鱼湖公园	位于青山区厂前路，建于 1999 年 12 月，亦是因人工湖形状而得名的，公园内可观景乘凉，亦可垂钓，打造山水田园的自然风光
太阳湖公园	位于青山区厂前路，是继天鹅湖、鳄鱼湖公园后开辟的第三个开放式公园。太阳湖公园建设注重细节，公园内景观小品随处可见

休闲娱乐空间	空间特征
北方兵器城	位于青山区兵工路，占地面积 17.4 万平方米，主要展示了许多代表第一机械制造厂（以下简称"一机"）、第二机械制造厂（以下简称"二机"）的退役兵器，是一座融爱国主义教育、国防科普教育、军工文化传播、休闲娱乐于一体的大型火炮主题公园。北方兵器城结合一机公园的建设展现了包头军工文化
银河广场	位于民族东路和钢铁大街交叉口东北角，建于 1998 年，占地面积约 10 万平方米，广场中心喷泉外轮廓采用包头市版图，喷泉内部有集音乐喷泉、水幕电影、激光表演系统"三位一体"的现代化人工综合水景系统

（3）东河区：建设有公园三座，广场一个。

表 4-11　东河区主要休闲娱乐空间

休闲娱乐空间	空间特征
人民公园	位于东河环城路 329 号，始建于 1953 年，是东河区目前为止唯一一个集绿地、树木、花草、休闲于一身的综合性公园
大水卜洞地质公园	位于东河区胡同街大水卜洞，是北梁的发源地。公园内建筑以晋商文化为主题，建有四合院和以晋商文化为背景的雕塑作品
井坪公园	位于东河区，西侧为二道沙河，北侧为包头医学院，因临近井坪村而得名。井坪公园是包头市百里长街、百里绿道的组成部分，是包头市城市公祭主题公园，公园规划设计体现庄严肃穆的纪念文化与现代园林风光相结合的理念
晋商文化广场	位于东河区公园路与环城路交会处，以晋商文化为主题，广场内设有多处晋商文化主题雕塑

（4）九原区：建设有公园五座，广场一个，城郊休闲、度假场所三处。

表 4-12　九原区主要休闲娱乐空间

休闲娱乐空间	空间特征
巴音高勒公园	位于建设路以北，外环路以南，二道沙河与文明路之间，建成于 2005 年，占地面积达 30 万平方米。公园设计集休闲娱乐、动物观赏、科教文化功能于一身
包头·鹿园	位于包头市新都市区，占地面积达 41.76 万平方米；鹿园以鹿文化为主题，围绕包头市主题鹿文化，体现四季景观，集文化观光、休闲休憩、健身娱乐、科普教育功能于一身
健康游园	位于九原区扶贫医院东侧，园内生态环境优越，植被种类丰富，形成了绿茵、小桥、流水相呼应的田园生态环境
哈屯高勒公园	位于 210 国道以东，沙河街两侧，占地 4.2 万平方米，公园规划定位为一座现代文化休憩公园
建设路游园	位于建设路以南，九华桥两侧，建设路以西以防护林带为主，在防护林的基础上，公园建设通道，修建湖体，修建了儿童游乐沙坑、凉亭等，将游园改造成了集娱乐、休闲于一身的综合性游园
九原区廉政文化广场	位于沙河街以北，花园小区以南，安定路以西，2009 年完成建设。占地 4 万余平方米，广场将社会主义核心价值观、廉政文化的主题与景观融合，水幕墙、旱地喷泉和花柱堪称包头广场"三绝"。该广场是一个集思想性、教育性、实用性、观赏性于一身的文化景观性广场
包头市九里温泉度假村	位于包头市城南，距离黄河湿地公园 3000 米处，占地面积 1 万平方米，是包头唯一一座拥有天然温泉的养生度假村

休闲娱乐空间	空间特征
青鸟养生庄园	建于 2005 年，位于九原区哈林格尔镇东哈林格尔村，是一座以休闲农牧业和乡村旅游业为特色的农业休闲旅游观光园
黄河谣文化旅游园	位于黄河景观大道，是依托黄河文化打造的河流文化和农耕文化主题景观景区。园内设有黄河谣民俗博物馆、大型公共演艺广场，展现黄河孕育的特色地方文化

（5）稀土高新技术产业开发区：建有公园三座，广场两个。

表 4-13　稀土高新技术产业开发区休闲娱乐空间

休闲娱乐空间	空间特征
锦绣公园	位于友谊大街以南、富强南路以东、青工路以北，占地面积 2 万余平方米，公园定位为"道德文化"，园区重在宣传道德楷模先进事迹，设置了道德讲堂，从多种角度宣传道德精神，引导市民的精神发展方向
稀土公园	位于稀土大街与曙光路交界东南角，占地面积 10 万平方米，公园以稀土文化作为设计元素，结合社会主义核心价值观进行建造，公园集科普、休闲、社会主义核心价值观宣传于一身
劳模公园	南邻黄河大街，与稀土路相交，北邻高新二中，是中国首座以劳模为主题的公园，园区宣传大国工匠，竖立雕塑展现劳模工作场景，向市民传递劳动精神
稀土大厦广场	位于包头稀土高新区，以诚信为主题，由"诚信"红黑榜、诚信故事长廊、核心价值观宣传钟三部分组成
创业广场	以"创新创业"为主题，广场北入口设立主题花雕，东西两侧以展板形式展现包头取得的成就，西侧步道设立的人物标牌宣传 27 位获得国家最高科学技术奖的杰出科学家

3. 商圈及商业街区

包头市的商业中心呈点状分布于城市辖区，根据《包头市区域性消费中心发展规划（2015—2020 年）》的规划，包头目标建设 10 个市级商业中心暨商贸集聚区，20 个特色商业街区，30 个特色专业市场，100 个社区商业中心。目前包头城市商业发展已经比较成熟，本土商业发展壮大的同时，外来商业也已经大举进入包头市场，商圈分布均衡且功能明确。

目前市四区已经建成商业中心 10 个，其中核心商业中心 6 个，次级商业中心 4 个。发展较快的区域主要是昆都仑区、东河区、青山区，这三个区都已经形成了自身的核心商业圈，具备基本的商业形态，且兼具高、中、低各种档次，能够较好地满足人们的需要。包百步行街商圈是包头市 20 世纪 50 年代发展起来的商业圈，是以钢铁大街为轴形成的商业中心，是一处多元化的复合型商圈，日接待顾客可达 10 万以上。至今为止，包百步行街商圈作为包头核心的市级商业中心其重要性不可代替。昆都仑区神华购物中心迎合周边社区形成中高端消费场所，集中了许多知名品牌以及餐饮酒店。青山万达商圈自 2009 年建成后以吸引年轻消费者为目标，集合了大量年轻时尚品牌，形成了新兴商业中心。青山区娜琳商圈是集餐饮、购物、休闲娱乐于一身的商圈，客流以青山区民众为主，昆区、东河为辅。青山区商圈还包括森林春天广场商圈、名品折扣商圈等。东河环城路商圈位于包头老城区，是商业最早的集聚地，现如今依旧以低价零售、批发为主要经营模式。巴彦塔拉大街商圈是由维多利广场、摩尔城、包头百货大楼、大众市场组成的一处商业圈。九原万达商圈属于新建商圈，主要服务九原区，以年轻消费群体为主要目标，除此之外，九原区还有滨河商圈。未来还将建设完成的商圈有包头国家稀土高新区商贸集聚区、小白河休闲旅游商贸集聚区、新都市区商贸集聚区和九原区金创总部经济园商贸集聚区等。

表 4-14 包头市商圈建设

区/县	商圈简称	主路段/位置	辅路段/位置	商圈等级	商圈形态	商圈发展
东河区	环城路商圈	环城路（铁中路至和平路）	公园路、通顺街	核心	商业街	成熟
东河区	巴彦塔拉大街商圈	巴彦塔拉大街（明生大街以西，东河西路以东）	阿拉善大街（环城路—巴彦塔拉大街）	次级	商业街	成熟
九原区	九原万达商圈	建设路（建华路以东，沙河西街以西），九原万达百货	G201 国道	核心	混合区	成熟
九原区	滨河商圈	火炬路（南绕城路以北—包哈公路以南），滨河购物广场	创业大街	次级	混合区	成熟
昆都仑区	包百步行街商圈	包百步行街（钢铁大街—青年路）	前进道	核心	商业街	成熟
昆都仑区	钢铁大街商圈	钢铁大街（滨河东路—民族西路），王府井百货，茂业新天地	林荫路、南排道	次级	商业街	成熟
昆都仑区	鞍山道步行街商圈	鞍山道（少先路—友谊大街）	长青道（林荫路—白云鄂博路）	核心	商业街	成熟
昆都仑区	包头吾悦广场	稀土大街（稀土大街与林荫南路交会处）	林荫路	核心	商业体	新生
青山区	文化路商圈	娜琳步行街（文化路至先锋道）		次级	商业街	成熟
青山区	森林春天广场商圈	包头森林春天广场		次级	商业体	新生
青山区	青山万达商圈	体育馆道（钢铁大街—青年路），万达百货	银河路（体育馆道—民族东路）	核心	混合区	成熟
青山区	名品折扣城商圈	包头奥特莱斯世界名品折扣城		次级	商业体	新生

续表

区/县	商圈简称	主路段/位置	辅路段/位置	商圈等级	商圈形态	商圈发展
石拐区	石拐中心商业街	中心商业街（环行路至丁字北路）		核心	商业街	成熟

商业街方面，包头市较为出名的有横竖街、包百步行街、娜琳商业街、啤酒园美食文化街、乔家金街、乌兰道商业街六条，新建的三条为苏联风情街、南海湿地商业街、蓝色港湾商业街。

横竖街地处九原区沙河第一小学西侧，是2015年改造完成的特色餐饮一条街。由名字便可以知道横竖街分为东西、南北两条，分别以餐饮正餐和烧烤小吃为经营特色。

包百步行街位于昆都仑区鞍山道中道，是包头市十分有名的商业街，且具有悠久的历史。街区设计经过完善具有现代化气息，各类基础设施完善，汇集了许多知名品牌，是包头市的标志性商业街。

乔家金街位于东河区，占地5万平方米，是在晋商乔家旧址新建的一条文化商街，是百年前晋商乔家发迹地，故有"先有复盛公，后有包头城"之说。建筑风格以蒙晋建筑为特色，乔家金街周边有众多庙宇，金街与庙宇和谐相处，特色鲜明。

4. 纪念空间

包头地区地处黄河流域，这里有着悠久的人类文化，多个历史时期包头地区都建筑过古城，最早的古城是公元前306年赵武灵王建设的九原城，到1870年形成了近代的包头城市规模。东河区作为包头市最古老的城区，拥有大量的城市历史文化遗迹，这些遗迹主要集中在东河老城区以及北梁一带，这里保留了许多历史宗教建筑，不同的宗教文化在东河区和谐共处，体现了包头的包容性。包头还有国内鲜见的佛教、道教、伊斯兰教、天主教、基督教五大宗教串联的历史风貌。遗憾的是，这些历史文脉由于包头的快速发展建设等因素，现在所剩不多，加强城市历史文脉的保护与利用成为包头城市文化形象建设的重要任务。

　　包头土地上留下了老一辈革命英雄的传奇经历，泰安客栈、大青山抗日游击根据地等见证了革命先烈为中华人民共和国的成立抛头颅、洒热血的英雄业绩。

表 4-15　包头主要历史遗迹

历史遗迹	遗迹特征
麻池古镇	位于包头市九原区麻城村，"麻池"这一名字是因古时这一带多种植青麻而得来的。古镇分为南北两城，北城在战国时期设为九原郡，汉朝时期改为五原郡。麻池古镇是包头境内已发现的最早的、规模最大的古城遗址
美岱召	位于土默特右旗，国家 4A 级景区，内蒙古地区重要的藏传佛教建筑之一，是阿拉坦汗引入藏传佛教后在土默川平原兴建的第一座藏传佛教寺庙，寺庙风格仿照中原汉式风格同时具有蒙藏特色，寺中壁画和一些古建筑保存完好，对研究明代历史具有一定的价值
战国赵长城遗址	位于石拐区，约建于战国赵武灵王时期，赵长城建设的目的是阻断少数民族对中原的侵略，距今已有两千多年的历史，是我国现存最古老的长城。遗址以土丘形式展现，不同于很多人印象中的建筑，它是以土石混合物建筑而成的
昆都仑召	位于昆都仑区昆都仑河东岸，最早称"造福寺"，乾隆皇帝赐名"法禧寺"。建于雍正年间，典型的藏式建筑形制，墙体白色为主色，搭配红色与金色。现存经堂、殿宇 12 座，住房约 50 间
包头召	位于东河区，又称"福徽寺"，建于乾隆年间，是包头城内唯一一座蒙古族召庙。主体建筑是藏式的两层古建筑

续表

历史遗迹	遗迹特征
龙泉寺 （包头革命烈士陵园）	位于东河区，建于雍正四年（1726），是南龙王庙的属庙。庙内的《转龙藏碑记》记录了龙泉寺于 1849 年重建的相关事宜。1973 年经包头市革命委员会批准，龙泉寺被改建为革命烈士陵园，成为包头市爱国主义教育基地
清真大寺	位于东河区，建于乾隆年间，是伊斯兰教传入包头地区修建的第一座清真寺，殿内装饰彩白、绿、金黄色描绘的《古兰经》经典文字，具有浓郁的宗教气息
南龙王庙	位于东河区，大约修建于阿拉坦汗时期，是包头最早兴建的寺庙。它是包头唯一一座道教古宫观，唯一一所正一派宫观。由早期的晋商修建，被誉为"西口之根""晋商之魂"
妙法禅寺	又称"吕祖庙"，始建于咸丰三年（1853），是内蒙古西部地区最大的汉传佛教寺庙，经由三次扩建形成现在的规模。寺庙最大的特点在于供奉佛教诸神的同时还在寺内修建了一座供奉道教吕祖的吕祖殿。"文化大革命"时期寺庙被毁严重，直到 1991 年修缮工作才在政府的支持下得以展开
梅力更召	位于九原区，建于康熙年间，梅力更召面积不大，却在佛教文化中占有举足轻重的地位，因为该召庙是世界上唯一一座用蒙语诵经的寺庙。寺庙建筑是汉藏结合的风格，殿顶为汉式，墙体为藏式
五当召	位于石拐区，建于康熙年间，是国家 4A 级景区，同时也是中国藏传佛教四大名寺之一，召寺建筑以白色为主，装饰以红黄为主，具有明显的藏式建筑风格，与西藏布达拉宫和青海塔尔寺齐名，是内蒙古地区最大的藏传佛教寺庙
王若飞纪念馆	位于东河区通顺街 3 号，为纪念著名的"四八"烈士而建立，由泰安客栈改建而成，占地面积 1836.1 平方米，常年展出革命文物以及纪念性报纸

历史遗迹	遗迹特征
包头市地震重建纪念碑	建于东河区体育广场,是为纪念1996年发生在包头市的6.4级地震而建的
革命烈士纪念碑	位于井坪公园,是原铁西革命烈士纪念碑,是进行各种纪念活动的大型公共场所
百灵庙抗日武装暴动纪念碑	位于达茂旗百灵庙镇女儿山,为了纪念1936年2月21日的抗日大暴动而建

(二)包头城市符号载体

1. 城市建筑

受到历史文化的影响,包头的建筑显示出不同时期的造型风貌。晚清时期,包头地区受到"西口文化"的影响,在建筑造型中也逐渐体现出浓重的"晋风",带有"猫头瓦"的门头造型与四合院的典型布局,代表了包头"西口文化"的缩影。

20世纪50年代,包头地区迎来了包头钢铁公司(以下简称"包钢")、一机、二机等国家重点项目的建设,同时也迎来了苏联专家的援建,在这个时期,包头出现了一批具有苏联风格的建筑,如钢32号街坊、一机家属楼、二机家属楼。

1996年包头发生的6.4级地震,是中华人民共和国成立以来内蒙古地区发生的最大的一次地震灾害,这次地震灾害给包头地区带来了严重的经济损失,许多房屋遭到了破坏。在这个历史时期,包头进行了众多城市改造,众多现代风格建筑在这个时期建造完成。

2000年后,包头建设逐渐迈上了新的台阶,融入地域文化与草原文化元素的建筑造型矗立于包头城区,如包头美术馆、包头图书馆、包头大剧院等新建筑,它们为包头这座城市增添了很多艺术特色与现代动感。

表 4-16 包头城市建筑符号载体

城市建筑符号载体	特征
包头图书馆与少年宫	位于昆都仑区，富林路与阿尔丁南大街交会口西南角，2012 年竣工，由东西向两个建筑组成，设计灵感源自内蒙古大草原延绵起伏的地貌特征，也源自贯穿包头市中部的大青山跌宕起伏的走势。建筑由东到西呈巨大的曲线，犹如一段山脉屹立于马路的一侧。两座公共空间合二为一成为包头市的地标性建筑
包头市火车站	位于阿尔丁大街，建成于 1959 年，原名"沼潭火车站"，2013 年改造完成。主体建筑造型为长方形，简洁大方，线条明快，与站前广场雕塑一同组成了一道亮丽的风景线
稀土大厦	位于阿尔丁大街，包头稀土大厦是包头稀土大酒店的坐落地，形态则酷似打火机。稀土大厦曾是包头最高的建筑，是阿尔丁大街上的标志性建筑。顶部流线型的造型起伏给这座标志性建筑带来了生动的气息
包头市博物馆	建于阿尔丁大街路东。包头美术馆位于博物馆北侧一层，两馆合二为一、融为一体。包头博物馆形态设计以"草原上的巨石，巨石上的文化"为主题，充分体现包头草原文化的主题，造型雄伟、壮美。建筑色调沉稳，表现出了历史文化的悠久
包头奥林匹克体育中心（以下简称"奥体中心"）	包头奥体中心（九原区）西南为赛罕塔拉草原，东侧紧邻包头市会展中心，占地面积 40 万平方米，建有完善的体育项目设施，可满足市民各类体育运动需求。奥体中心设计包含"三心""一片"，其设计理念强调城市生态和天地人合一共生。"三心"包含体育馆、体育场以及周边绿化景观节点；"一片"即会展中心，它与体育中心经"S"形道路串联，相互呼应，融为一体

城市建筑符号载体	特征
包头市科技馆	包头市唯一一座集爱国教育与科学教育于一身的综合性建筑场馆，建成于 2015 年，占地面积 17000 余平方米，分为"儿童科学乐园""探索与发现""科技与生活""宇宙与生命"四大区域，以"理解科学、感恩自然"为主题思想
包头大剧院	包头的演艺文化展示平台，建成于 2013 年，建筑采用紫红色的陶土板层层叠加配合玻璃搭建而成，运用强烈设计感表现地方文化特色

2. 小品与公共设施

包头市的公共设施主要有照明服务设施、便民服务设施、指引性服务设施以及隔离式服务设施。

垃圾桶是城市公共设施最常见的城市家具，包头市在行政区域放置了钢木双筒垃圾桶和摇盖不锈钢单筒垃圾桶，商业街区放置了钢制分类桶、广告钢制分类桶和彩色三筒，住宅区大部分放置钢制双桶，也包括一些造型类的垃圾桶，如房屋造型垃圾桶等。为给市民出行提供便利，包头的城市交通标识、路标形成了统一风格，户外广告和牌匾标识也经过了统一整改，力求形成整洁的城市景观。公交车等候区分为公交候车亭、立牌式和遮阳式三种。

3. 城市雕塑

包头市内雕塑大大小小种类众多，遍布于城市的街道、公园、广场，诠释着城市的精神风貌与历史内涵。主题方面，包头市内雕塑主题众多，有表现鹿城文化的市标性雕塑"三鹿腾飞"、表现西口文化的"西口雄风"雕塑、表现钢铁工业文化的"双翼神马"等一系列代表包头地域文化的雕塑造型，塑造了包头地区独特的城市文化风貌。园林景观雕塑散布于包头市各个公园、广场、绿地之中，雕塑造型各异，主题丰富，展现了丰富多样的城市居民生活的风貌及特色。

表 4-17　包头市代表性雕塑

代表性雕塑	特征
三鹿腾飞	包头市市碑，位于昆都仑区、青山区、东河区三个区交会点的环路中央，1986 年市政府征集市碑方案所选定。城碑上部主体为三只腾跃且互相追逐的鹿，取名"三鹿腾飞"，象征着市三区争先恐后的发展势头。选用鹿的形象是由于"包头"的蒙语发音为"包克图"，意为有鹿的地方，鹿已经成为城市的代表。雕塑底部的三个同心圆象征三区团结一心，共同发展的决心。设计者以鹿的形态表达城市的凝聚精神，传达城市朝气蓬勃的精神
双翼神马	位于包头钢铁（以下简称"包钢"）工业园区内，是一座展开双翅跃起前蹄的宝马形象。20 世纪 60 年代，电影《草原晨曲》的歌词"我们乘着双翼神马，奔驰在草原上……"使"双翼神马"成为草原钢城的象征。"双翼神马"展现了 20 世纪 60—80 年代人们为建设包钢勇往直前、积极向上的精神；钢铁的原料产地白云鄂博，自古就有双翼神马的传说，因此，"双翼神马"也成为包钢的企业象征
盛世宝鼎	位于稀土高新区滨河新区，火炬路、民馨路、腾飞大街的交会处。滨河大鼎，又名"盛世宝鼎"。雕塑总高近 20 米，给人一种压迫、仰望的气势感；下方基座雕刻着"塞外草原""中受降城""万水泉的传说"和"稀土之光"四幅浮雕，记载着滨河新区典型的历史事件
西口雄风	雕塑坐落于东河区巴彦塔拉大街与西脑包大街交会处的铁西转盘口，于 2005 年落成，高 14 米，雕塑主体是一位豪迈的大汉挥舞着手中的衣服，还骑着一匹矫健的良驹，整体雕塑精气神十足，感染着观赏者。雕塑整体风貌展现了包头的移民历史文化以及飞奔迎接包头新时代的精神
舞动南海	位于南海湿地公园门前，雕塑以书法"南海"二字为元素进行设计，雕塑整体柔中带刚，极具风骨

4. 城市标识、吉祥物等

（1）市徽

包头城市市徽由两个元素组成，分别是工字钢和鹿。工字钢象征包头市的工业城市地位，凸显"草原钢城"的特征。包头蒙古语为"包克图"，译为"有鹿的地方"。自古就有"包头是鹿群聚集的地方"这一说法，因而包头的城市形象被定义为鹿。市徽以圆环为形，工字钢形象与圆环相切，鹿的形象仰头嘶鸣，气度不凡。

图 4-2 包头市市徽

（2）市树及市花

包头市市树为云杉，市花为小丽花。

（三）包头城市活动载体

内蒙古包头市那达慕草原旅游节于每年 7—8 月举行，举办地点在达尔罕茂明安联合旗，每逢那达慕大会，都会举办蒙古族歌舞表演、篝火晚会、祭敖包、赛马、摔跤、射箭、驯烈马、叼羊等文化活动。

中国包头黄河鲤鱼节于 2009 年开始承办，在每年春季下网打捞，收获整个冬季精心喂养的鲤鱼。在节庆期间将相继举行头鱼竞拍、专家品鉴、千人鱼宴、垂钓大赛等独具特色的活动。

中国包头冰雪节于 2007 年举办首届，通常在南海风景区开展各类娱乐项目，有冬泳、冬钓、速滑、冰雕等冰上系列竞技比赛，还有市民可参与的趣味冰上抽陀螺、冰车比赛等。

包头国际旅游冰雪节自 2015 年起举办，邀请多国滑雪爱好者共聚一堂，为打造国际冰雪旅游品牌，活跃包头冬季旅游市场，充分展示包头冰雪旅游的魅力起到了重要的宣传作用。

包头南海河灯节每年 8 月 12 日在"鹿城之夏"旅游节期间举办，并作为其活动内容之一。南海河灯节源自老包头的南海子河灯节。

（四）包头城市精神文化载体

旅游形象宣传语：包容大气，勇立潮头

包头文明城市 IP：包克、图图

2019 年 12 月，借助新一轮文明城市评选的契机，包头市举办了"文明包克图——包头市文明城市 IP"推介会，在此期间推出了包头市文明城市 IP——小鹿"包克"与小马"图图"。

小鹿"包克"的形象是头顶心形鹿角的橙色小鹿，小马"图图"的形象是身穿高科技变形盔甲的双翼蓝色小马。橙色代表着善良、慷慨、包容，寓意着包头的精神文明建设；双翼寓意着发展腾飞，蓝色代表产业，寓意着包头的物质文明建设。这对 IP 人物设定为一对好朋友，"包克"出生于包头，"图图"是来包建设的志愿者，两人在赛汗塔拉参加志愿活动时结识，由于共同的爱好和追求而无话不谈。

"包克"与"图图"的形象广泛应用于城市宣传的各类媒体中，生动地展现了社会主义核心价值观于文明城市创建的成果，打造包头城市的"文明形象"。目前，文明出行、文明用餐、爱护环境等一系列文明使者系列海报已经出现在包头市的各个角落。用"包克"和"图图"的形象制作成的引领文明行为规范的微动漫、微视频等新媒体作品也广泛出现在公园、广场及各类视频媒体中。

图4-3 包头文明城市 IP 与宣传应用

三、包头城市文化载体整体存在的问题

（一）空间载体中存在的问题

1. 自然景观空间方面

自 2017 年起包头市打造的全域旅游格局，在原有生态特征的基础上为城市增添了许多自然景观空间，包头地区自然景观空间建设不论是在数量上还是在游览人数上都有了质的增长，特别是黄河湿地景观带，这一景观带经过不断的建设，已经成为集自然景观及休闲娱乐于一身的景观带。但从总体看，包头自然景观空间还存在着总体数量不够丰富，吸引力不足，景观空间周边建设不足的问题，如在目前建设的"一环"景观空间中，大仙山—红泥井牧场—百灵庙沿线景观与功能建设尚未完成，景观空间仅限于历史遗存，沿线休闲、娱乐、运动功能尚未建设完成，作为包头市旅游环线重要的组成部分，它还尚未将环线景观较好地衔接。

2. 休闲娱乐空间载体方面

改革开放以来，包头市在城市建设方面取得了巨大的成就，特别是在园林绿地建设方面，为成为国家级园林城市，包头市政府不断加大城市绿地覆盖面积，并实施开放式的绿地管理制度，最大限度地让包头处于全国园林绿地建设的前列。但包头市的休闲娱乐空间中，对于空间定位及文化符号的打造则表现得相对较弱，最具有特色的休闲娱乐空间是位于青山区的北方兵器城，它将兵工元素以及各类兵工产品共同融入公园空间，构成了具有明显兵工特色的游览型公园。赛罕塔拉城中草原也是融合各类特色建设的典型休闲娱乐空间，它在草原文化的基础上融入了大量蒙元元素。除此之外，大多数公园、广场在主题打造与特色文化符号表达中都有所缺失，造成包头市虽有"公园城市"的美誉，却缺失城市形象特色的打造。

3. 商圈及商业街方面

包头地区近年来新生商圈数量有限，仅有昆都仑区增加 1 处、青山区增加 2 处，商业整体定位传统，区域文化氛围不足，缺乏多元化的设计。传统商圈仍旧占据了包头市商业区的主要地位，如钢铁大街、包百步行街

商圈、青山娜琳商圈等，它们都是包头市区重要的传统核心商圈，也是包头建设最早的商圈，在商业定位、商业特色、地域特色文化展现、文商旅结合方面都仍需进一步完善。

商业步行街方面发展较早，且属于室外步行街，步行街规划设计缺乏对北方气候特点以及购物习惯的考量，经营状况一般。

（二）城市符号载体中存在的问题

1. 城市建筑载体方面

首先，历史上城市的快速扩张，造成建设者忽视城市形象建设的整体性及城市形象建设的独特性，造成了"千城一面"的城市形象问题，包头的城市形象建设也存在相似的问题。从 20 世纪 50 年代苏联援建，到 1996 年地震时期的重建，包头城市建筑都不够重视城市形象的特色建设，导致了城市建筑整体缺乏特色，"火柴盒"式建筑比比皆是。2000 年后包头城市虽然进行了一系列城市特色建筑建设，但文化创新不足，对特色文化资源的运用有限，且整体数量少、分布较为分散，没有形成族群或风景带，城市整体建筑载体形象还需要进一步提升。

其次，市五区形象建设投入也显现出显著的不均衡。以东河区为例，东河区作为包头的老城区，历史风景街区、文物遗址是包头历史文化的重要组成部分，同时也是构建特色城市形象的重要组成部分，但目前这些街区以及遗址还处于原始状态；东河城区的整体城市文化符号建设相对贫乏，需要加大对东河老城区城市形象建设的力度。

2. 城市雕塑载体方面

包头市内雕塑作品众多，种类各异。雕塑作品特色各异，其中有很多表现地域特征的雕塑，如稀土主题雕塑、走西口系列主题雕塑以及代表包钢精神的双翼神马雕塑等，但总体来看，市区内雕塑作品还存在以下问题：

（1）包头地区雕塑作品与建筑、环境、空间存在协调问题，如东河区以老包头历史文化特色为主、昆都仑区以工业文化为主、青山区以兵工文化为主、新都市区和滨河新区以现代都市风貌为主，雕塑作品需要匹配不同区域不同的文化特征，打造包头独特的城市文化形象。

（2）雕塑放置存在缺乏规划、种类繁多等问题。

（3）城市的门户区域包括火车站、飞机场、高速公路入口等，目前包头火车站形象建设成为独特的门户区域，飞机场、高速路口等门户区域尚缺乏标志性形象。

3. 城市小品与公共设施方面

包头市在城市小品与公共设施建设方面，风格的统一与城市特色的构建还比较缺乏，城市小品与公共设施建设应用现代工业产品，缺乏对包头地域特色文化的公共设施建设应用。

4. 城市活动载体方面

城市活动载体宣传不到位。近些年，包头市打造全域旅游城市，但目前市区人文活动、城市节事、市民活动组织相对较少，活动场地缺乏，活动载体起到的作用有限。

第三节 鄂尔多斯市城市文化定位与城市文化载体

"鄂尔多斯"为蒙古语，意"众多的宫殿"，后来专指在当地游牧生产生活和保卫成吉思汗祭灵宫帐的蒙古部落。2001 年盟改市后，鄂尔多斯成为地级市域的名称。鄂尔多斯是一个以蒙古族为主体、汉族占少数的少数民族地区。

鄂尔多斯是内蒙古、甘肃、陕西、宁夏能源金三角的前沿，位于中国第二大沉积盆地，吕梁山以西、秦岭以北、贺兰山以东、阴山以南，总面积达 30 多万平方千米，是国家重要的能源和新型化工基地，也是内蒙古重要的经济中心。鄂尔多斯市依托大型、集群矿区所建设的工业园区、工矿城镇和中小城市推动了全市域的城镇化快速发展。

鄂尔多斯是人类文明发祥地之一，早在 7 万年前，古河套人就在这里创造了著名的"鄂尔多斯文化"，至今萨拉乌苏文化遗址仍旧述说了古河套人的历史文明。鄂尔多斯文化的发展史大致可以分为三个阶段：一是夏商春秋至秦汉唐宋，北方游牧民族创造了以"鄂尔多斯青铜器"为代表的青铜文化；二是明朝中期，一代天骄成吉思汗的"八白室"以及蒙古族黄金家族所创造的内涵丰富的蒙元文化；三是近现代以来，大量晋陕汉人与鄂尔多斯地区蒙古族人民一同创造的农耕文化与草原文化交融的鄂尔多斯特色文化。鄂尔多斯是富有民族文化特色的生态宜居城市，被确定为全国18个改革试验区之一，先后获得"全国文明城市""国家卫生城市""中国优秀旅游城市"等荣誉称号。

一、鄂尔多斯市概况

（一）城市景观风貌特色

鄂尔多斯位于内蒙古西南部，恰好位于黄河"几"字弯内，整体地势西北高东南低，地处鄂尔多斯高原，南邻黄土高原，城市地形复杂，拥有平原、波状高原、丘陵、沙地、沙漠五种地貌。市域面积8.7万平方千米，与包头市、呼和浩特市一同成为内蒙古最具活力的城市经济带，被称为内蒙古的"金三角"地区。

（二）经济发展状况

鄂尔多斯市地处鄂尔多斯高原，自然资源丰富，矿产多达50余种，逐步发展成为能源与化工生产基地。煤炭和天然气、羊绒、化工是鄂尔多斯的支柱型产业。鄂尔多斯常年占据全区生产总值第一的地位。据2019年统计，鄂尔多斯全年完成地区生产总值3605亿元，第二产业占生产总值的58.04%，第一产业和第三产业分别占生产总值的3.43%、38.53%。作为能源资源大市，多年来鄂尔多斯工业占据比重过半，依靠煤炭和天然气开采带动国内生产总值的发展。为实现城市可持续发展，鄂尔多斯根据科学发展观制定了"减量化、再利用、再循环"的能源资源利用原则，"高起点、高科技、高产业链、高附加值、高度节能环保、高效益"的标准，开启了"绿色开采、清洁利用、低碳发展"的能源资源开采之路。

（三）城建基础与人口规模

1. 城市建设

新一轮鄂尔多斯城市规划（2011—2030）中确定了中心城区"一城双核、一轴两带多组团"的城市框架，东胜片区和康阿地区组合形成"双核"概念，按照轴向发展、南北对接的城市发展方向，东胜片区、康阿片区沿南北轴线集聚。东胜片区的定位为市级传统商贸与公共服务中心、区级行政文化中心和重要的文化生活区，康阿片区的定位为市级文化中心和商务中心区，重要的教育研发、会议会展、旅游服务以及创业产业基地，具有蒙元文化特色的生态居住区，外围组团包括高新技术产业园区组团、阿康物流产业组团、装备制造基地组团、石化物流组团、万利组团、罕台组团以及九成宫生态休闲旅游组团、鄂尔多斯民族文化创意产业园组团、阿镇文化体育产业组团、成吉思汗文化旅游组团。以"一轴"为界，城市划分东西"两带"，东部产业集聚带为城市现代产业布局的主要拓展带，重点发展装备制造、现代物流、高新技术、汽车贸易等产业；西部新兴功能拓展带规划为城市新兴功能集聚和特色产业拓展的重要轴带，培育发展文化体育、休闲旅游、科教研发等新兴产业，提升完善装备制造、绒纺等传统加工制造业。中心城市明确设定禁采区，面积约为1960平方千米，为城市远景发展留足了空间。

2. 基础设施

鄂尔多斯自2001年起经济快速发展，工业发展带动城市规模迅速发展，城市功能逐步完善，城市规划建设发展多项指标高于全区乃至全国平均水平。

交通方面。以打造蒙、陕、甘、宁重要的交通物流集散枢纽为目标，荣乌高速、109国道横穿城市东西，包西铁路、包茂高速、210国道纵贯南北。鄂尔多斯机场与60座城市通航，共有航线56条，铁路四通八达，有普通火车与动车两种，总里程达到2550千米。"十四五"期间，鄂尔多斯将实现与北京之间的高铁通行。公路网覆盖达到27.9千米/百平方千米。为健全城市综合交通，加强各组团间的交通能力，东胜地区、康阿片区准备修建城市有轨电车，打造便捷有序的出行环境。

供水供电方面。鄂尔多斯火力发电、光伏发电、风力发电、水力发电、生物质发电等形式的发电量持续稳定增长，全市在传统发电基础上努力发展新能源发电，新能源发电量在 2019 年占全市发电量的 6.3%。第二产业用电占全社会用电的 91.3%，是全市主要电力资源消耗。

绿化方面。方城区园林绿化以构建生态园林城市为目标，中心城区规划建设一环、五横、两纵、多核的绿地系统结构。全市目前绿地率达 40.3%，人均公园绿地面积达 32.7 平方米。

教育文化方面，截至 2019 年，鄂尔多斯拥有 4 所高校——内蒙古民族幼儿师范高等专科学校、鄂尔多斯生态环境职业学院、鄂尔多斯应用技术学院、鄂尔多斯职业学院，有普通中等专业学校 1 所、普通高中 24 所、普通初中 50 所、职业高中 7 所、普通小学 139 所、幼儿园 346 所、特殊教育学校 3 所。各级各类学校（含幼儿园）共有在校生 36.4 万人。全市拥有文化馆、群众艺术馆 10 个，公共图书馆 9 个，博物馆 10 个，艺术表演团体 10 个。广播、电视综合覆盖率分别达到 99.3% 和 99.1%。

卫生事业方面。截至 2019 年，全市共有公立医院 24 家、社区卫生服务中心 36 个、社区卫生服务站 65 个、乡镇卫生院 89 个、村卫生室 590 个、疾病预防控制中心 9 个、妇幼保健机构 9 个、卫生监督所 9 个。公立医院床位数为 7304 张，乡镇卫生院床位数为 1520 张。卫生技术人员 15910 人，其中注册医师 6229 人，注册护士 6125 人。

科研方面。2019 年全市共取得各类科技成果 57 项。全市申请专利总量 2817 件，其中，申请发明专利 415 件、授权专利 1584 件、有效发明专利 509 件。技术合同认定登记 26 项，成交金额 1537 万元。全市有效期内的国家高新技术企业达到 104 家，自治区级企业研究开发中心 51 家，自治区级工程技术研究中心 17 家，自治区级院士专家工作站 16 家。

环境保护方面。2019 年全市空气质量达到国家二级标准天数为 232 天，中轻度污染 42 天。2019 年全年完成 1371 平方千米的造林面积，全市建成不同级别自然保护区 11 处，其中国家级 3 处、自治区级 8 处。

3. 人口规模

截至 2018 年，全市常住人口 207.84 万人，其中城镇人口 154.82 万人，乡村人口 53.02 万人，城镇化率为 74.49%。全年出生人口为 2.05 万人，出生率为 9.86‰；死亡人口为 1.13 万人，死亡率为 5.44‰；自然增长率为 4.43‰。

二、鄂尔多斯城市形象与城市文化载体探析

（一）鄂尔多斯城市空间载体

1. 自然景观空间

丰富的地理地貌与环境和半干旱的大陆性气候造就了鄂尔多斯丰富的自然景观环境，鄂尔多斯地区周边拥有丰富的自然资源，如鄂尔多斯地质公园中的水库及沙漠、大峡谷，库布齐沙漠中的响沙湾景区，沙漠中的湿地草原察罕苏力德旅游景区等。鄂尔多斯自然景观空间大多位于城市周边，具有占地面积大、自然风貌鲜明等特点。

表 4-18　鄂尔多斯市自然景观载体

自然景观	景观特征
鄂尔多斯地质公园	位于鄂尔多斯市区内，公园总占地面积 179.66 平方千米，公园内地质遗迹类型丰富，包含萨拉乌苏旅游区、鄂托克恐龙足迹园、黄河沙漠湖泊园区三大部分
恩格贝生态旅游区	位于内蒙古黄河段南岸，是国家 4A 级景区，沙漠总面积约 120 平方千米，草场总面积约 80 平方千米，园区内树木大约 100 万株，是国内享有盛誉的治沙中心
响沙湾旅游景区	地处陕西、山西、内蒙古三角地带，位于中国著名的库布齐沙漠的最东端。最早建立于 1984 年，是国家 5A 级景区。由于在沙子干燥的情况下，人们从沙丘高处向下划动会听到不同的声响，有的如青蛙的鸣叫，也有的像飞机掠过的轰鸣声，取名"响沙湾"。景区建设有一村（一粒沙度假村）、一港（响沙湾港）、四岛（仙沙岛、悦沙岛、莲沙岛、福沙岛）

自然景观	景观特征
察罕苏力德旅游景区	位于内蒙古最南端，国家 4A 级旅游景区，是一处沙漠之中的湿地草原。以察罕苏力德祭祀文化和蒙古族游牧文化为主题，建设有长达 90 米的祭祀通道、5600 平方米的祭祀广场、那达慕竞赛场、察罕苏力德祭祀宫和祭殿。景区内举行的那达慕赛事和文艺演出向游客多层次展现内蒙古文化
银肯塔拉沙漠绿洲自然生态旅游区	位于达拉特旗展旦召苏木境内，是一处将生态、文化、民俗、经济有机结合的综合性自然景区，园区内建有银肯敖包祭祀区、银肯沙漠植物园、银肯沙漠野生动物园、生态沙漠拓展训练基地、沙漠探险基地、沙漠水上乐园、沙漠休闲度假村以及旅游纪念品生产基地
鄂尔多斯草原旅游区	位于鄂尔多斯市杭锦旗锡尼镇西南 9 千米处，园区面积达 30 平方千米，是国家 4A 级景区，园区建有综合服务区、汽车营地区、民俗文化体验区、草原休闲娱乐区、草原休闲度假区、草原生态观光区六个功能区
鄂尔多斯红碱淖	位于蒙陕交界，国家 4A 级景区，是鄂尔多斯境内最大的内陆湖，也是最大的沙漠淡水湖。它对鄂尔多斯与陕西榆林的环境有十分重要的调节作用，2017 年以来国家将这里设立为自然保护区，全球 90% 的遗鸥在这里繁殖
伊金霍洛旗红海子湿地公园	位于鄂尔多斯市伊金霍洛旗，是北方城市罕见的大型湿地生态环保公园，分为东西两个园区，总占地 26 平方千米，园区分为"海纳百川""源远流长""绿色宫殿""黄金海岸""流金岁月"五大园区
毛乌素沙漠	中国四大沙地之一，位于陕西省榆林市和内蒙古鄂尔多斯市之间，面积达 4.22 万平方千米。经考证，毛乌素沙漠是在一两千年的时间里逐渐扩展而成的，至明清时期形成了大片沙漠

续表

自然景观	景观特征
巴图湾	位于乌审旗无定河镇，由萨拉乌苏河从西北蜿蜒而来，是国家3A级旅游景区。巴图湾得名于曾经住在这里的一个名叫巴图的住户。巴图湾水面可延伸20千米，具有丰富的人文景观。这里还建有巴图湾水库，是内蒙古西部最大的水库，集发电、灌溉、防洪、水产养殖和旅游观光于一身

2. 休闲娱乐空间

近年来，鄂尔多斯周边新建、改建了多个生态园林，这些园林位于城市周边，如东胜森林公园、三原三川、千亭山景区、成吉思汗陵园区等。生态园区占地面积较大、植物种类多，为城市营造了大量的自然风貌浓郁的绿色生态空间。

公园广场方面，鄂尔多斯建有公园、广场超过200个，是该市绿地生态建设成果和城市文化的集中展示，建筑群与园林广场、园林绿带交错呼应，融为一体。鄂尔多斯市内建有多个主题文化广场、休闲广场、生态园林与公园，主题广场一般为表现地域文化特色而建，可分为成吉思汗英雄史诗类、自然历史类、蒙元文化类、重大事件纪念类等。

在康阿片区，主题文化生态广场群构成了城市的核心，生态广场群北起市政大楼前的市政广场，南到乌兰木伦河北岸的中央绿带，从北向南依次可以看到成吉思汗雕塑广场、市民演艺广场、天驹广场、太阳广场、蒙古象棋广场、亚洲雕塑艺术主题公园、乌兰木伦河中心广场。

近年来东胜片区也建设了多个广场、公园，东西方向有站前广场、商务休闲广场等景观带，由南向北则可见山体公园、市政广场、青铜文化广场等景观带，这些公园、广场为东胜区营造了城景相融的生态休闲空间，同时也提高了城市的品位。

表 4-19　康阿片区休闲娱乐空间

康阿片区休闲娱乐空间	特征
千亭山文化景区	位于康巴什新区北部,规划面积约 7 平方千米,千亭山景区设计定位为"城市后花园",体现"亭文化"与"宫廷文化",呼应鄂尔多斯城市主题——众多的宫殿
鄂尔多斯金港湾 F2 国际赛车场	位于鄂尔多斯大街向东 9 千米,是为展现汽车运动旅游休闲文化而建设的汽车运动旅游休闲文化项目,占地面积达到 1.06 平方千米
鄂尔多斯那达慕运动场	位于阿拉腾席热镇,占地面积 83 万平方米,建筑面积 7.5 万平方米,是一处民族体育综合性运动和训练场,该建筑包含办公区、运动场、看台区、赛马场、停车场、水系、绿化区、道路、中心广场以及其他附属配套设施
鄂尔多斯婚庆文化园	位于天骄路西,园区占地 35 万平方米,是一个以展示鄂尔多斯蒙古族传统婚礼、汉族传统婚礼和爱情文化为主题的公园,最引人注目的是园区内的两组雕塑,一组是展现非物质文化遗产鄂尔多斯蒙古族婚礼的雕塑群,另一组展示汉族传统的婚礼民俗和相关的爱情主题雕塑
母亲公园	为纪念成吉思汗之母诃额伦而建
社会主义核心价值观主题公园	位于阿吉奈公园内,将自然美景与传统美德有机结合,运用铁艺雕塑、造型、标语等宣传社会主义核心价值观。园区竖立的展示栏内展示了伊金霍洛旗道德模范、最美人物、美德少年、好家风等内容
爱拥公园	紧邻乌兰木伦滨河广场,与亚洲雕塑艺术主题公园相邻,园区内竖立了许多文字雕塑
亚洲雕塑艺术主题公园	为纪念亚洲艺术节而建立,占地面积 43 万平方米

康阿片区休闲娱乐空间	特征
阿吉奈公园	位于阿拉腾席热镇公园路与文明西街交叉东北角,占地面积18万平方米,是以水为主要景观设计元素的生态、休闲、娱乐、健身场所
柳河沟公园	位于阿拉腾席热镇的城市中心地段,建于2009年,总面积76万平方米,绿地面积约占70%,园区内建有河道景观,河道中有不少高低错落的景观瀑布
民族团结主题园	位于康巴什区,青椿山公园以北,占地面积约222公顷,园区内以56根民族团结柱为主要景观。团结柱分成两排,以半圆形式坐落在园区内,是天安门广场上民族团结柱的复制品,每根柱子上描绘一个极具民族特色的民族形象并写有民族名称。这56根民族柱是北京市政府赠予鄂尔多斯市的,象征民族大团结
掌岗图公园	位于阿拉腾席热镇,占地面积230万平方米,园区展现蒙元文化,以塞外风情草原牧歌为主题,建有多处极具特色和韵味的园区景观
康巴什中心公园	位于鄂尔多斯大街以北,市政府北街以南,康宁路以西,乌仁都西街以东。建于2008年,以山坡景观为主,占地面积27.54万平方米,绿化面积达到70%以上,设计突出生态主题,打造高质量的城市中心开放性主题公园
蒙古象棋广场	位于康巴什新区成吉思汗广场轴线南端,乌兰木伦街和那日街之间,西南为爱拥公园。广场占地面积5万平方米,建成于2011年7月,放置了用青铜铸造的32个蒙古象棋雕塑

康阿片区休闲娱乐空间	特征
成吉思汗雕塑广场	位于市政府前的大型雕塑广场，广场长 2.5 千米，宽 200 米，以团结、家乡、自然为主题。《青铜祖先草原后代》大型组雕分为五组分布其中
太阳广场	位于市中心，鄂尔多斯城市设计理念即为草原上不落的太阳，太阳广场则是这一设计理念的展示，广场上八条放射形回廊像是光芒四射的太阳光线照射大地
草原情广场	占地面积约 16 万平方米，以草原之歌为主题，由十四组雕塑呼应主题建设

表 4-20　东胜片区休闲娱乐空间

东胜片区休闲娱乐空间	特征
九城宫旅游景区	被誉为"鄂尔多斯的后花园"，位于鄂尔多斯市东胜区罕台镇，景区面积 6.2 平方千米。九城宫景区有着深厚的历史文化积淀，传说秦大将蒙恬曾在此建驿站，"文姬"与"昭君"在此留下过情影萍踪与千年佳话
伊克昭公园	旧称"人民公园"，位于伊克昭中学东部，是鄂尔多斯最有历史的公园。建于 1956 年，南北各有一门，形成的南北主轴线将园区内的哈达门、汗妃亭、八方汇盟、天马旗、人民英雄纪念碑、王府建筑、长廊、小桥流水、观景台、蒙古包和儿童活动区等主要景点连接，展现出鄂尔多斯的历史文化、民族文化、社会新文化的人文景观，是一处人文与自然结合的综合休闲场所
铁西三角洲公园	位于鄂尔多斯西南，与 109 国道形成一个三角地带，因其形状而得名。建于 2009 年，园区占地 15.8 万平方米，分为儿童游乐场和体育运动场两部分

东胜片区休闲娱乐空间	特征
气象公园	是国内唯一一处以气象命名的公园，公园占地面积 14.5 万平方米，有人工湖、水榭、亭廊和广场多种休闲场地，同时该公园还是鄂尔多斯重要的气象知识科普基地
东胜公园	建于 2005 年，占地面积 23.86 平方米，是有叠水、假山、瀑布、大型喷泉等一系列景观的综合性园林，也是集娱乐、休闲、游览等多功能于一身的开放式公园
祥云水上公园	三面环水，整个园区为 "V" 形园区，曾经这里是污水区，现如今通过市政府规划改造，已经成为一个集休闲、健身、娱乐与旅游观光于一身的大型水上乐园
青铜文化广场	位于东胜区政府和铁西公园之间。广场以青铜文化为主，蒙元文化为辅，公园占地面积 10.4 平方米，绿化面积占 50% 左右。建有十四组青铜雕塑和名为 "日月同辉" 的钢结构建筑。广场最大的特色在于分上下两层，地面之上是展示文化的休闲空间，地下是大型商业休闲设施
火车站站前广场	建于 2003 年，是位于东胜区的鄂尔多斯东胜火车站的广场，火车站与广场朝东，与东胜区司法局隔街相望。总占地面积 2 万余平方米，绿化面积占 38%
鹿苑广场	位于松山路与鄂托克西街交会处西北角，广场总占地面积约 4.5 万平方米，是典型的草坪景观，其中点缀了溪流景观、喷泉景观
万家惠欢乐世界	位于东胜区铁西新区，是一个以欢乐水世界、主题乐园、北国之骄主题酒店为产业集群的娱乐休闲场所
东联秦道城	原名 "东联影视动漫城"，位于鄂尔多斯市东胜区罕台镇，是国家 4A 级旅游景区，秦道城是以直道文化为主题，以秦汉边塞文化和匈奴故地文化为特色的旅游景区

东胜片区休闲娱乐空间	特征
鄂尔多斯动物园	位于 109 国道以北，210 国道以西，是国家 4A 级景区。园区占地面积达 12 平方千米，水域面积占 1.2 万平方米，有核心展示区、周边生态绿化区两大区域，现已建设 25 个场馆，拥有动物 220 多种。园区内同时还打造了我国西北地区第一座海洋主题馆，建有企鹅展区、海底隧道、水母展区、珊瑚生物展区、热带雨林展区、海豹展区、海洋动物表演剧场及科普展区八大展区，有相关生物共 260 余种
鄂尔多斯植物园	紧挨动物园，是一处集科研、科普、休闲、旅游、商务等多功能于一身的综合市民活动空间。园区占地 4.78 平方千米，绿化率占约 95%，园区划分了五个主要功能分区（温室中央景观区、植物造园景观区、主入口景观区、引种驯化区和服务配套功能区），七个园区（树木园、古地中海孑遗植物园、鄂尔多斯灌木王国、沙生园、采摘园、秋叶园和农业体验园），五个专类园（桃花园、樱桃园、樱花园、杏花园与蔷薇园），植被种类繁多、数量庞大，以建设东亚草原地区最大的综合性植物园为最终目标

3. 纪念空间

鄂尔多斯历史文化悠久，自从有了人类历史以来，这里便有了人类活动的痕迹，蒙元文化、农耕文化在这里交融共生，留下了诸多的历史遗迹。例如，秦直道是一条秦代修筑的交通要道，穿过鄂尔多斯境内，鄂尔多斯对秦直道遗址非常重视，进行了一系列保护与建设措施，形成了秦直道文化景区。鄂尔多斯地区的另一大特征是召庙众多，几乎每一个乡（苏木）都有一个召庙，其中最多的是中西部地区。

表 4-21 鄂尔多斯纪念空间

纪念空间	特征
大秦直道文化旅游景区	秦直道遗址南起云阳，北达九原，是秦始皇修建的一条军事要道。鄂尔多斯境内秦直道 17.5 千米、方圆 2875 万平方米保护范围实施了"五个一"保护工程——建设了一座秦直道博物馆，拍摄了一部电视剧《秦直道》，建设了一个秦直道文化景区，编制了一部《秦直道遗址（东胜段）保护纲要》，创作了一部文学作品《秦直道探索与研究》
准格尔召	位于准格尔旗西部，俗称"西召"，是鄂尔多斯现存最大型的藏传佛教格鲁派寺庙建筑群。准格尔召历史最辉煌时曾建成独立殿堂 36 座，包含经塔、白塔、红塔等建筑设施，均为汉藏式建筑。目前仅存 10 座。准格尔召是伊克昭盟最早最大的寺庙之一，也是内蒙古最具有珍贵文物价值的古建筑之一
乌审召	位于伊克昭盟乌审旗乌审召苏木驻地，意为"乌审旗之佛寺"。乌审召曾为清朝鄂尔多斯右翼前旗最大的寺院，现存 1985 年修复的一座经堂以及两座殿宇和一座白塔
乌兰活佛院（乌兰活佛府）	位于伊金霍洛旗驻地阿勒腾席热镇西北方向北山植物园内，鄂尔多斯佛教文化博物馆也在这里。由民族宗教文化展示中心、乌兰活佛府邸和闭关修行中心（乌兰活佛院）三部分组成。通过一些传统的藏传佛教建筑设计手法，融合汉族传统院落递进的概念，形成一种蒙式的主帐和分帐暗合的新组合。建筑气势宏伟，融合了大量的藏式建筑符号、宗教色彩等装饰艺术，由内而外完美地彰显了藏传佛教建筑文化底蕴
郡王府	位于伊金霍洛旗阿勒腾席热镇。始建于 1928 年，历经 8 年建成。内蒙古西部地区现存唯一完整的王爷府。占地面积 2200 平方米，府门面朝东南，分为前后两院，整体建筑融蒙古、藏、汉风格为一体，工艺精湛的砖雕具有浓郁的民族与地方特色

续表

纪念空间	特征
阿贵庙	位于准格尔旗境内，是鄂尔多斯乃至内蒙古最古老的庙宇群，且位于鄂尔多斯古陆原始植被区
陶亥召	又名"吉祥如意寺"，当地称"新庙"，位于伊金霍洛旗境内，距今已有 350 多年的历史。陶亥召曾是规模宏大的庙宇群，遗憾的是后来遭到了严重的破坏。改革开放后，陶亥召部分得到了修复并逐渐成为许多鄂尔多斯地区群众朝圣的圣地
成吉思汗陵	位于伊金霍洛旗伊金霍洛苏木，成吉思汗陵经过多次迁徙，于1954 年从青海的塔尔寺迁回故地伊金霍洛旗。成吉思汗陵传承了最高规格的蒙元文化即宫廷文化，是蒙古族人民心中的圣地，是"全体蒙古的总神祇"。陵园占地 5500 平方米，由三座蒙古式大殿以及廊坊组成，具有浓郁的蒙古族风格
嘎鲁图悉尼喇嘛纪念馆	位于乌审旗嘎鲁图苏木的嘎鲁庙，是独贵龙运动主要领导人悉尼喇嘛进行革命活动的旧址，建筑为小四合院砖木结构，占地面积 2000 平方米，2006 年被评为全国重点文物保护单位

4. 商圈及商业街区

鄂尔多斯作为传统工业城市，其第三产业发展一直是经济发展的弱势。经过近几年政府的积极调整与优化，鄂尔多斯第三产业得到了长足的发展，特别是在商贸零售业方面，商场、百货、步行街等商业形态都有了较大程度的发展。

东胜区作为鄂尔多斯城市发展的核心区域，其商业、物流、文化、服务业都有着良好的发展前景，目前已经建成的有达北路、伊金霍洛西街与铁西三大商圈，同时还建成了以纺织、建材、家居建材等为主题的特色专业市场。

康阿片区的康巴什区作为鄂尔多斯建设新区，其商业还有很大的发展空间。2019 年吾悦广场建设项目落户康巴什区，为康巴什区带来了第一个大型商业综合体。

表 4-22　鄂尔多斯商业载体

区/县	商业名称	主路段/位置	商圈形态
东胜区	星河 COCO City	达北路商圈	商业体
东胜区	大润发	达北路商圈	商业体
东胜区	每天百货	达北路商圈	商业体
东胜区	民生广场	达北路商圈	商业体
东胜区	北国新天地	达北路商圈	商业体
东胜区	通九家居广场	达北路商圈	商业体
东胜区	王府井百货	伊金霍洛西街	商业体
东胜区	万达广场	伊金霍洛西街	商业体
东胜区	万正广场	铁西新区	商业体
东胜区	雍景汇	伊金霍洛西街	商业体
东胜区	绒纺街区	达北路商圈	商业街
东胜区	购物商业街	王府井太古附近	商业街
东胜区	宠物销售街区	东胜区第二中学西	商业街
准格尔旗	白云购物中心	准格尔旗白云路中段	商业体
乌审旗	万统购物广场	乌审旗鸿沁路和毛乌素街交会处	商业体
伊克昭盟	鄂尔多斯购物中心	鄂尔多斯达拉特南部	商业体

（二）鄂尔多斯城市符号载体

1. 城市建筑

鄂尔多斯历史上曾是游牧文明与农耕文明共存的特殊文化地带，受到了蒙古、藏、汉等多元文化的影响，清朝之后，随着盟、旗、召、府体制的建立，游牧民族蒙古包、汉式王府、藏式召庙三类建筑形式高度融合，乌兰活佛院、郡王府等都是鄂尔多斯地区多元文化融合的建筑表现形式。藏传佛教召庙规模宏大，汉式和藏式建筑结合，各有侧重。成吉思汗陵竣工于 1956 年，开创了蒙古族风格现代样式的探索，是现代蒙古风格的成功实例。

自 2002 年撒伊克昭盟改名"鄂尔多斯"后，这个城市就进入了大规模建设时期。一批具有探索性的建筑，针对鄂尔多斯城市基础和环境特点，从关注建筑的造型形式符号转向深层次的人文景观探索，创造了"质"与"量"的奇迹。

康巴什新区七大文化建筑是康巴什新区 2005 年开始建设的七大标志性文化工程之一，是鄂尔多斯建设城市文化、提高城市品位的重要举措。七大标志性建筑包括鄂尔多斯图书馆、鄂尔多斯博物馆、鄂尔多斯大剧院、鄂尔多斯新闻大厦、鄂尔多斯国际会展中心、鄂尔多斯体育中心以及鄂尔多斯文化艺术中心。

表 4-23　鄂尔多斯建筑符号载体

建筑载体	特征
鄂尔多斯图书馆	位于正阳街和文化西街交会处西北角，图书馆规划建设用地 2 万余平方米，主体建筑高达 39.2 米，以三本书为外观造型蓝本进行建设，分别代表《蒙古黄金史》《蒙古秘史》《蒙古源流》三本书。馆内除藏书 120 万册外，还建有档案室和珍藏馆，是一座集图书馆、交流中心及档案馆于一身，地下一层、地上八层的综合建筑
鄂尔多斯博物馆	紧邻图书馆，位于其北侧，外观如同一块黑色巨石反射出金属的光泽，象征鄂尔多斯坚如磐石的精神。建筑高达 39.8 米，于 2010 年完工投入使用。博物馆内包含七个展厅和一个大型学术厅，是一座综合性极强的博物馆
鄂尔多斯大剧院	位于朝阳路和团结路交会处西南角，西邻太阳广场，南邻文化艺术中心。大剧院以鄂尔多斯蒙古族头饰为原型，建造了两个圆形建筑，大圆直径 100 米，小圆直径 64 米，总体占地面积达 22000 平方米，包括剧场、音乐厅、电影院等设施，是一处集餐饮、住宿、娱乐、购物于一身的综合性场所

续表

建筑载体	特征
鄂尔多斯新闻大厦	位于鄂尔多斯大街与民族路交界处东南角，占地面积 16600 平方米，建筑高 41.8 米，该项目是集开放性、综合性、多功能、信息化于一身的现代化新闻大厦，建筑内有鄂尔多斯日报社、鄂尔多斯电台、鄂尔多斯广播电视台三大媒体，共包含 6 个演播厅、18 个录音室及其相关配套的制作间、采编室。建筑外观线条横平竖直，代表新闻行业真实性和理性的态度
鄂尔多斯国际会展中心	位于康巴什新区鄂尔多斯市政府东侧，总建筑面积 4.75 万平方米，由会议中心和展厅两部分组成。国际会展中心建筑造型融入了蒙古包、马鞍等多种体现蒙元文化的符号和元素，入口会堂为蒙古包造型，3 个大展厅是马鞍造型。会展中心是第十一届亚洲艺术节重要的活动场所。每年负责承接多个大型展览
鄂尔多斯体育中心	位于康巴什新区东北方向的高新科技园区阿布亥沟南岸，总占地面积 70.88 万平方米，总建筑面积约 25.9 万平方米，主体建筑包括"一场两馆"，即体育场、综合体育馆和游泳馆。体育场建筑立面金色的外围斜柱以方形元素在高度上有韵律的变化，形成了马鞍形的屋顶曲线，表达出了"金马鞍"的造型意向，也诠释了马背上的民族奔放豪爽的性格特质；综合体育馆建筑平面上呈椭圆形，以线形元素进行装饰，在建筑风格、造型韵律上与体育场、游泳馆遥相呼应，协调一致，形成了一个统一的整体；游泳馆位于体育中心的最东侧，总建筑面积约 4.8 万平方米，它延续了整个体育中心的设计风格，以曲线元素进行装设，并结合自身的功能特色，突出了水的宁静与柔和。在颜色上，体育场、体育馆和游泳馆分别以红色白色搭配、棕色米色搭配和蓝色灰色搭配予以呈现

建筑载体	特征
鄂尔多斯文化艺术中心	位于鄂尔多斯市康巴什新区西纬六路北，建筑面积 42000 平方米，建筑造型以"天圆地方"为设计理念，上部曲线圆形部分象征着天空、白云、空气、水和乳汁，隐喻着浪漫吉祥的女性舞姿以及飘逸的哈达；下部浮动的方形象征着草原和大地，隐喻着男性力量、阳刚之气和朴诚方正的含义，方与圆的结合体现人与自然的对话
东胜区图书馆	位于东胜区铁西新区，于 2016 年 5 月迁入。东胜区图书馆造型以鄂尔多斯市市花"马兰花"为原型，延续地方风情地貌，以蓝天、白云、羊群、草原为引，形成了"草原上的阅读殿堂"这一设计理念，自北向南分为 A 座、B 座、C 座。建筑面积 3.3 万平方米，读者座席 1300 余个
东胜区全民健身活动中心	位于鄂尔多斯市东胜区北部，建筑面积 100450 平方米，其中包括体育场、综合体育馆、体育商业中心、水上运动中心。体育中心建筑造型设计采用了"弯弓"元素，展示鄂尔多斯人豪迈奔放的性格。综合体育馆及水上运动中心分别呈现了银碗和哈达的造型，体现了鄂尔多斯人热情好客的品质，整体建筑恢宏、敦厚，是鄂尔多斯的地标性建筑之一
伊金霍洛旗影剧院	位于可汗街以北，安达路东侧，占地面积 6.81 万平方米，建筑面积达到 3.63 万平方米，由剧院、音乐厅、多功能厅组成。建筑灵感来源于成吉思汗的移动宫殿，建筑造型极具韵律感与节奏感
鄂尔多斯市机场	位于伊金霍洛旗，于 2009 年开始建设，建筑面积达到 11.913 万平方米，航站楼设计理念来源于"草原雄鹰"。中央建筑为巨型现代蒙古包造型，结合蒙古元素与现代设计展现新颖、独特、现代化的建筑风格

2. 城市雕塑

遍布城市街道、公园、广场的雕塑已经成为鄂尔多斯城市形象的重要组成部分，也是这座城市的独特景观。鄂尔多斯市内雕塑数量众多，形态各异，特色明显，诠释着鄂尔多斯独特的城市形象与丰厚的文化底蕴。

从雕塑的类别来看，包含主题性雕塑、纪念性雕塑、装饰性雕塑等。主题性雕塑以"金三角"为代表，寓意着鄂尔多斯地区正处在一个稳定崛起的黄金时代；在纪念性雕塑方面，鄂尔多斯市内数量最多的题材当属成吉思汗历史题材，如成吉思汗母亲雕塑以及成吉思汗组雕，这些雕塑都体现了鄂尔多斯与成吉思汗深厚的历史渊源与文化史实；在装饰性雕塑方面，许多作品都以组合的形式出现，如蒙古象棋广场、婚庆文化园等处的装饰性雕塑，它们都具有画龙点睛的文化意义。

除此之外，鄂尔多斯还有很多的城市景观壁画，这些壁画以民族文化和当代文化发展为主题，尤以苏木伦河两侧的大型叙事型壁画蔚为壮观。

表 4-24　鄂尔多斯雕塑符号载体

代表性雕塑	特征
吉祥·苏勒德雕塑	吉祥·苏勒德是以成吉思汗查干苏勒德为原型的大型雕塑艺术作品。"苏勒德"是成吉思汗的军徽，是成吉思汗统一蒙古高原后竖立起的战旗，是吉祥、圣洁、平安、团结、振兴的象征。鄂尔多斯市将苏勒德作为鄂尔多斯市的标志性雕塑，置于东胜区北出口，旨在引用蒙古族民俗，迎送往来人员祝福他们平安吉祥
金三角雕塑	寓意着鄂尔多斯地区正处在一个稳定崛起的黄金时代
母亲公园园区内雕塑	母亲公园内塑有诃额伦人像雕塑，雕塑高 36.9 米，展示着草原母亲的形象与草原母亲的博大情怀。在诃额伦雕塑的底座上还有三面浮雕，分别呈现了"紧冠束衣、拾梨捕鼠""夜驰汗帐、袒乳教子""收孤成骏、育孙兴汗"三个故事。母亲公园还建有"母亲主题文化走廊"，走廊沿线建有群雕及浮雕，讲述着一系列英雄母亲的故事

代表性雕塑	特征
乌兰木伦滨河广场雕塑	广场上有很多马群雕塑，其造型各异，身材高大，活灵活现。同时民族马运动雕塑也别具特色
鄂尔多斯婚庆文化园雕塑	园内以蒙古族鄂尔多斯婚礼为主题建造了一批雕塑，完整记录了婚礼流程，展现鄂尔多斯民间歌舞、民俗、礼仪、风情、服饰等，弘扬民族文化。同时园区内还建有一批爱情主题雕塑以呼应园区的婚庆主题
亚洲雕塑艺术主题公园雕塑	建有亚洲文化部长圆桌会议倡议纪念釜1尊，代表与会亚洲国家的雕塑作品23尊，鄂尔多斯青铜文物放大雕塑36座。雕塑作品异彩纷呈，魅力无限
青铜文化广场雕塑	放置众多以鄂尔多斯出土的青铜器为原型制作的青铜雕塑，用以宣传城市文化，展现城市特色。
蒙古象棋广场雕塑	放置了用青铜铸造的32个蒙古象棋雕塑
成吉思汗广场雕塑	广场上竖立着五组大型青铜雕塑，包括《闻名世界》《一代天骄》《草原母亲》《海纳百川》和《天驹行空》。《闻名世界》展示成吉思汗的骁勇战绩；《一代天骄》由八个与成吉思汗事迹相关的故事组成；《草原母亲》讲述了《蒙古秘史》中阿阑豁阿"五箭训子"的故事；《海纳百川》体现成吉思汗心胸宽广，广纳天下贤士；《天驹行空》为纪念两匹成吉思汗的宝马良驹而建

（三）鄂尔多斯城市文化载体

鄂尔多斯市因鄂尔多斯集团而得名，该集团于1969年诞生，1989年鄂尔多斯羊绒厂正式更名，形成了鄂尔多斯品牌雏形。2001年，伊克昭盟撤盟设市，设立地级市——鄂尔多斯市，借用了"鄂尔多斯"这一享誉国内外的品牌的名称，象征着一个城市与一个企业共同拥有一个名字，在改革开放的浪潮中共同谱写壮丽华章。

鄂尔多斯城市宣传语为："鄂尔多斯，温暖全世界。"

鄂尔多斯以打造"千年天骄圣地、五彩草原名城、活力能源之都"为目标，旨在塑造历史与现代、人文与自然交融的现代城市特色。2019 年鄂尔多斯获得了"2019 年中国品牌城市"称号，城市品牌影响力在全国地级市中排名第 31 位，在内蒙古位列第一名。

（四）鄂尔多斯城市活动载体

1. 成吉思汗祭祀

一年中，成吉思汗陵前要举行数十次祭祀活动，主要由圣主宫帐为核心的八白宫祭奠和成吉思汗苏勒德祭奠两大部分组成，包括日祭、月祭、四时大祭、年祭和一系列专项祭祀，日期和规模都是固定的。以四时大祭为例，每年农历三月二十一举办的春季大祭是一年中成吉思汗祭奠中最隆重的一次，用马奶祭祀长生天。这些祭祀仪式源自成吉思汗时代萨满教的祭天方式，涵盖了蒙古族牲祭、火祭、奶祭、酒祭、歌祭等形式，体现了蒙古族古老的传统习俗、礼法、观念等诸方面内容。2006 年，成吉思汗祭祀被列入中国首批非物质文化遗产保护名录。

2. 鲜奶祭

继承了成吉思汗在世时的古俗，用一年中最早挤的白骒马奶汁祭祀上苍，祝愿奶汁像河湖中的水那样丰盈。这是祈求畜群兴旺的祭典，故又称"查干苏鲁克祭"（洁白的畜群祭）和"鲜奶祭"。过去，每次这一春季大祭都要持续半个月左右。

3. 鄂尔多斯婚礼

史载成吉思汗成亲的过程中，先后履行了 6 项仪式程序：提亲、订婚、宴请、送礼、求名、迎亲。这种古老的蒙古婚礼，流传至各个蒙古部落后，经演变更多地突出了地方特色，唯有鄂尔多斯婚礼仍然延续着古老的婚俗传统。"佩弓娶亲""闭门谢婿""献羊敬酒""求名问庚""分辨出嫁""路迎新娘""跪拜公婆"……这一整套鄂尔多斯婚礼程式，可从 12 世纪的蒙古婚礼中找到其雏形。婚礼一般举行三天三夜，自始至终不准重复唱一支歌，唱出一支重复的歌就要罚酒三杯。婚礼上人们要唱百支歌曲，献上衷心的祝福。

4. 祭敖包

锡林郭勒盟是祭敖包历史保存较为完整的地区。每到草肥马壮的日子，一般为每年阴历五月十三日，有时也临时商定，就是草原人民祭敖包的日子。蒙古族人民穿着崭新的民族服装，骑着骏马，带着哈达、美食、美酒等祭祀品，兴高采烈地参加敖包盛会。2006 年 5 月 20 日，祭敖包被列入第一批国家级非物质文化遗产名录，是草原民族崇尚自然的思想表现形式之一。

5. 扎马宴

扎马宴是古代蒙古民族最隆重的宫廷宴会，融宴饮、歌舞、游戏和竞技于一体。赴扎马宴是宫廷最高规格的宴飨。扎马宴场面宏大，多在金碧辉煌的昔剌斡耳朵（黄色营帐）中进行。

6. 鄂尔多斯天马旗（黑慕日）祭祀

新的一天开始时，全家人洗漱干净，在天马旗神台上点燃圣火，焚烧香柏和美食佳肴，跪拜在白色毛毡上，家里的男性都要诵读《伊金颂》和《苏力德颂》。每逢过年或一些重要的礼仪性活动，均会在天马旗神台前举行这一祭祀活动。

7. 鄂尔多斯蒙古族民风民俗旅游风情节

鄂尔多斯蒙古族民风民俗旅游风情节每年一届，分别在鄂尔多斯不同地区举办。风情节通常与那达慕大会同时举办，届时可以完整地体验蒙古族的风土人情、生产生活、民风民俗等。这一活动推动了鄂尔多斯旅游业的发展。

8. 察罕苏力德圣火祭祀

每年农历腊月二十三日、二十四日是蒙古族传统的祭灶节。蒙古族人民认为火是神灵的化身、纯洁的象征，是民族、部落和家庭的保护神，可赐予人们幸福和财富。因此每年祭祀时他们都将精心准备的祭品放入火中，对着火神祈祷，祈求人丁兴旺、风调雨顺、五畜昌盛。

三、鄂尔多斯城市文化形象优势与劣势

（一）鄂尔多斯城市文化形象优势

鄂尔多斯经过 10 多年的超常规发展已经在城市文化形象建设方面走到了前列，经过三次城市跨越式的发展布局，鄂尔多斯以高标准设定了城市的发展目标，建设了服务功能完善、生态环境良好、具有地域民族特色的宜居、宜业、宜游的生态型发展城市。特别是康巴什新区，它是全国第一个以区名命名的 4A 级旅游景区。这里草原文化与现代文明高度融合，蒙元文化、雕塑文化、建筑文化等相互交融，独具匠心，实现了城市与文化、旅游、生活的完美融合，成为内蒙古地区城市文化形象建设的典范。

城市自然景观载体方面。鄂尔多斯城市风貌特色鲜明，生态园林型城市特征明显，可以总结为"城外有林，城内有绿"，无论是城市街区还是道路，都可以看到绿色植物的影子。城内 300 米可见绿地，500 米可见公园，城区绿带相随，林木相拥。

城市符号载体方面。鄂尔多斯城市区域风貌特色明显，特别是在建筑建设方面，鄂尔多斯为现代建筑理念做出了许多创新型的探索。该市尝试以环境对应和深层次的人文空间探索作为设计理念进行建设，特别是在民族语言符号的探索方面，因而民族性与唯一性成了该市公共建筑追求的标准。同时，鄂尔多斯市内建筑追求国际性的探索与表达，如伊泰总部、万正广场等。

城市活动载体方面。鄂尔多斯地区拥有丰富的民俗活动资源，成吉思汗祭祀、鄂尔多斯婚礼已经成为鄂尔多斯城市文化的名片，特别是成吉思汗祭祀，一年之中活动多样且规模宏大，对城市文化名片的宣传以及区域旅游的带动都有着重要的作用与积极的意义。

（二）鄂尔多斯城市形象建设劣势

城市符号载体缺乏整体规划，鄂尔多斯在城市建设过程中，部分特色的老区被整体重建，余下的部分则被包围在现代建设中，众多记录着鄂尔多斯历史文化的建筑被取代，原有城市文化资源被破坏，造成了城市文化历史资源的流失。

城市精神文化载体建设方面是鄂尔多斯城市文化建设的短板，城市品牌建设停留于表面，虽然提出了"千年天骄圣地、五彩草原名城、活力能源之都"的城市品牌建设目标，但缺乏对城市品牌构建的具体内涵建设，城市精神文化载体建设方面还需要进一步加强。

"鬼城"的称号一直对康巴什新区乃至鄂尔多斯城市形象有负面的宣传作用，对鄂尔多斯城市形象的构建极为不利。有时仍然能够感受到康巴什新区整洁靓丽的市容与冷清的街道形成的鲜明对比，城市形象建设与经济发展不够协调是目前鄂尔多斯城市发展的主要问题。

四、鄂尔多斯城市文化定位

鄂尔多斯地区有着悠久的历史、灿烂的文化。河套文化在这里起源，游牧民族在这里休养生息，孕育了古老的匈奴青铜文化。这里吸收、融合了汉族与其他少数民族的传统文化，形成了别具一格的鄂尔多斯文化。同时鄂尔多斯特有的资源一直伴随着这一地区的发展，从商代的鄂尔多斯青铜器到现代依托大型、集群矿区所建设的工业园区，都推动着这座城市独有的物质文明的形成。城市的特色文化有利于城市进一步发展，为城市形象提供文化元素，使城市形象更贴切城市，形成独具一格的城市形象文化。鄂尔多斯城市文化可以总结为五个层面：河套文化的摇篮，青铜器文化的故地，成吉思汗文化圣地，西部崛起的能源之都和宜居、宜业的现代和谐家园。

1. 河套文化的摇篮

伊克昭盟乌审旗境内的萨拉乌苏河附近发现了距今 14 万到 7 万年前的古人类化石，考古学家将这一古人类称为"河套人"，他们创造了著名的古代"鄂尔多斯"文化，史称"河套人文化"。鄂尔多斯地区有石器时代、青铜器时代、铁器时代及华夏各朝代连续的人类更替遗迹，是草原文明与农耕文明的交汇繁荣之地。

2. 青铜器文化故地

19 世纪末叶开始，我国北方长城沿线陆续出现了大量极有特色的青铜器，这些青铜器具有浓郁的民族文化特征，其中以鄂尔多斯地区发现的数量最多、分布最集中、最具特征，因而它们被称作"鄂尔多斯青铜器"。这些青铜器年代从商周时期一直到秦汉，整体风格以动物纹饰为主，不但数量众多，而且制作精美，运用夸张或写实的手法通过浮雕、透雕、圆雕等制作方式刻画出了有强弱对比、动静结合、节奏和韵律美的图案，彰显出了青铜器工艺的精湛。2006年，鄂尔多斯建成青铜器博物馆，该博物馆也成为鄂尔多斯独特的文化风景线。

3. 成吉思汗文化圣地

"一代天骄"成吉思汗的衣冠冢位于鄂尔多斯伊金霍洛旗草原上，1954年，这里建起了成吉思汗陵，每年都有几十次祭祀。每年大祭祀，人群聚集，规模宏大。由于成吉思汗陵的存在，鄂尔多斯地区保存了完整的蒙古文化并传承了最高规格的宫廷礼仪文化。成吉思汗陵作为纪念成吉思汗的标志，不但象征着蒙古民族的统一，也是中国长久统一的标志，还是鄂尔多斯地区独有的文化精神。

4. 西部崛起的能源之都

"羊煤土气"代表鄂尔多斯四大主要自然资源。羊代表羊绒，鄂尔多斯羊绒制品占中国羊绒制品市场总量的三分之一，占世界市场的四分之一。煤代表煤炭，鄂尔多斯已探明的煤炭储存量就有1496亿吨，占全世界的六分之一。土代表稀土和高岭土，占有率达全国一半。气指天然气，储存量也相当可观。依靠自然资源发展起来的鄂尔多斯，"能源之都"一直是外界对鄂尔多斯的一致印象。

5. 宜居、宜业的现代和谐家园

鄂尔多斯城市发展遵循构建宜居宜业的城市环境，吸引和留住人才的原则。在资源开发利用的基础上，保持城市全面、环保、持久的发展，同时，经过十几年的发展，鄂尔多斯实施了城镇跨越式发展的多项举措，一直坚持产业支撑、规划统领、基础现行、特色取胜、政府主导、市场运作的城镇化战略。

第四节 呼、包、鄂三市城市文化载体建设对比

呼、包、鄂三座城市在城市文化形象建设方面各有特色，也各有优势，三市围绕自身城市景观、经济与文化等资源特点，对城市的不同文化载体进行了大规模的建设，在城市文化形象建设方面取得了巨大的成效。

表4-25 呼、包、鄂三市文化载体建设对比

城市 载体类型		呼和浩特市	包头市	鄂尔多斯市
城市空间载体	自然景观空间	沿大青山景观带以及沿黄河景观带	构建"一环、三带、四区"的全域旅游发展空间，打造了一条穿阴山、跨森林、访古寺、越长城、过草原、游湿地、赏花海的360千米风景自驾环线	丰富的地理地貌与环境造就了鄂尔多斯多样的自然景观，鄂尔多斯自然景观大多位于城市周边，具有占地面积大、自然风貌浓郁等特点
	休闲娱乐空间	市四区建有公园、广场37个，还拥有文化小镇、创意文化园等种类丰富的休闲娱乐空间。这些休闲空间建设注重空间塑造的活力与多样性，同时表达了城市的时代精神、文化特色、地域特色	包头市区建有公园、广场近百座，其中大型广场34座，形成了"依山傍水、生态环保"的特色城市形象	鄂尔多斯建有公园、广场超过200个，建筑群与园林广场、园林绿带交错呼应，建有多个主题文化广场、休闲广场、生态园林与公园，主题广场一般为表现地域文化特色而建，可分为多个类型，如成吉思汗英雄史诗类、自然历史类、蒙元文化类、重大事件纪念类

续表

载体类型 城市		呼和浩特市	包头市	鄂尔多斯市
城市空间载体	纪念空间	呼和浩特是一座历史名城，拥有类型丰富、种类多样的历史纪念空间，这些空间主要集中在大南街—大北街—中山西路—中山东路—新华大街沿线	主要集中在东河老城区以及北梁一带，不同的宗教文化在东河区和谐共处	主要包括秦直道文化景区、数量众多的召庙、乌兰活佛院、成吉思汗陵
	商业空间	呼和浩特城区商圈门类齐全，发展迅速，其具有年轻化的发展趋势	商业发展比较成熟，商业分布合理且功能齐全	东胜区商业发展成熟，康巴什地区发展空间较大
城市符号载体	建筑符号	呼和浩特市区内以现代建筑为主，同时注重地域文化的表达，涌现出一批以蒙元文化为元素的地域特色建筑，如呼和浩特体育运动中心、内蒙古博物院以及内蒙古科技馆	不同时期留下了不同的建筑风格风貌，如西口风、苏联建筑风、现代风、地域文化风	2002年后，鄂尔多斯进入了城市建设的黄金期，从关注建筑的造型形式符号转为向深层次的人文景观探索，并完成了7个标志性文化工程
	小品与公共设施	特定的景点区域设计具有特色，城市公共设施如交通指示牌、广告标牌、宣传栏、候车亭等均运用蒙汉双语标注	景点、公园公共设施具有特色，现代工业风格居多	公园、广场、交通指示牌、候车亭等多用民族元素
	城市雕塑	数量较多，主要包含三种类型：①展示特色区域文化的；②凸显民族文化的题材；③城市历史文化的展现	数量众多，主题丰富。三鹿腾飞市碑、西口雄风雕塑、双翼神马雕塑等分别代表了包头各类独特的地域文化	雕塑数量庞大，形态各异，特色明显，从雕塑的类别来看，包含主题性雕塑、纪念性雕塑、装饰性雕塑等，还有很多的城市景观壁画

续表

城市 载体类型		呼和浩特市	包头市	鄂尔多斯市
城市活动载体	民俗活动	蒙古族传统祭火仪式、内蒙古草原旅游那达慕大会	南海河灯节	成吉思汗祭祀、鲜奶祭、鄂尔多斯婚礼、祭敖包、扎马宴、鄂尔多斯天马旗（黑慕日）祭祀、察罕苏力德圣火祭祀
	城市活动	昭君文化节、公主府公园桃花节、呼和浩特草莓节、乌兰牧骑艺术节、民间文化艺术周	包头黄河鲤鱼节、包头冰雪节、国际旅游冰雪节	鄂尔多斯蒙古族民风民俗旅游风情节
城市精神载体	城市精神	开放、包容、和谐、共生	无	团结奋斗、共同发展
	城市品牌塑造	无	无	"千年天骄圣地、五彩草原名城、活力能源之都""鄂尔多斯，温暖全世界"

　　通过对呼、包、鄂三座城市文化载体进行对比可以发现，从整体上看，呼、包、鄂三座城市文化形象建设现状有很多相似之处：

　　（1）蒙古族文化是全区共同的文化特征，因此这三座城市在城市文化载体建设中都有不同程度的蒙古族文化元素的展现，特别是呼和浩特与鄂尔多斯两座城市，蒙古族文化元素作为城市的特色文化风貌，在不同文化载体中都有着大量的运用，突出了两座城市的文化形象特征。

　　（2）三座城市都极为重视城市公园、广场的建设，城市建设与自然生态互相交融的理念成为内蒙古各城市文化形象的特色所在。因地制宜、多种形式并举加快园林绿地建设，甚至是建设城中草原，形成城市中的草原，草原中的城市，已成为内蒙古城市与生态和谐发展的大格局。

（3）三座城市仍需加大在精神文化载体建设方面的投入，长期以来，内蒙古城市发展更侧重于生态、产业、金融等城市建设的物质载体层面，而对于城市的文化、精神、品牌塑造等精神文化载体的建设重视不够，无论是首府呼和浩特还是包头、鄂尔多斯等核心城市，对于城市精神文化载体的建设都有待提升。目前城市缺乏统一的品牌形象、城市精神文化形象识别力不足是内蒙古城市文化形象建设的短板。

从城市文化形象发展的进度来看，三座城市文化形象发展程度有所不同：呼和浩特作为内蒙古的首府地区，其城市文化形象建设相对比较成熟，城市文化形象定位明确、特色明显，且具有较强的发展动力与建设空间；鄂尔多斯城市文化形象建设极具民族地域特征，形成了具体的城市文化形象，在城市空间载体、符号载体的建设方面取得了巨大的成就；相比较而言，包头市城市文化形象建设略显逊色，城市文化形象规划不够清晰，城市文化形象的构建需要进一步加强。

第五节 呼、包、鄂三市城市文化形象建设路径

一、城市精神文化的深入构建与传播

大到国家，小到个人都要有"精神"的支撑与引领，城市同样需要"精神"的引领，"城市精神"是一座城市存在与发展的精神支柱，是城市发展的动力与精神保障，凝聚了一座城市的历史传统、精神积淀、社会风气、价值观念、文化特征等诸多因素，是城市深层精神文化的高度概括和升华。党的十八大以来我国提出了24字的社会主义核心价值观，从国家层面提出了国家精神与价值观，习近平总书记更是在十九大报告中指出要培育和践行社会主义核心价值观。24字核心价值观已经成为促进人的全面发展、引领社会全面进步、实现中华民族伟大复兴的中国梦的强大正能量。我国各大城市也纷纷提炼了自己的城市精神，如北京精神是"爱国、创新、包容、厚德"，上海精神是"海纳百川、追求卓越、开明睿智、大气

谦和"，苏州精神是"崇文睿智、开放包容、争先创优、和谐致远"。全国多个城市提炼并践行自身城市精神，为城市发展注入了精神的内涵与活力。"城市品牌"则是城市的名片，是城市的无形资产，能够提升城市的凝聚力与向心力，提升城市的整体竞争力。

内蒙古拥有优秀的地域文化资源与深厚的民族文化内涵，以草原文化为代表的民族文化是内蒙古各城市提炼城市精神的重要表达因素，从朴素的崇尚自然、践行开放、恪守信义到吃苦耐劳、一往无前，草原文化的精神早已刻入人民的脑海，融入人民的生活。

内蒙古城市精神文化建设需要在践行社会主义核心价值观的基础上，加快构建反映地域特色、民族特性、时代特征的城市精神文化价值体系，并通过多种途径大力培育和弘扬社会主义核心价值观与城市精神，开展人民群众喜闻乐见的实践活动，通过多种形式的宣传活动，唤起市民对自己生存和发展的土地的热爱之情，唱响思想文化的主旋律。

二、塑造城市特色，活化城市文化遗产

每个城市都应该有自身的特色，内蒙古的特色是草原文化，呼、包、鄂三座城市地缘关系接近，地域文化方面都受到了草原文化与农耕文化的影响，如何根据城市自身发展历史、文化遗迹以及产业特点等构建自身的城市文化特色，成为城市文化形象建设的一项重要任务。

（一）因地制宜，将历史文化资源保护与活化城市文化遗产相结合

结合历史文化资源，将保护与活化城市文化遗产结合起来，使两者相互促进，相得益彰。在重视保护城市历史文物、建筑、历史街区的基础上，结合实际加以创造。我国很多城市在此方面都已经有了很多经典的文化遗产保护应用经验，如打造历史街区、纪念公园、特色小镇等。呼、包、鄂三座城市应把历史保护与城市建设发展相结合，在保护历史文化遗产的同时，活化利用历史文化资源，探索保护与发展结合的方法，打造城市历史文化特色。

（二）塑造特色城市空间

城市公共空间往往是市民和旅游者的公共活动场所与空间的体验场所，也是城市特色彰显的场所，通过对这些空间特色进行景观化的设计，可以更好地打造城市特色形象。近年来，内蒙古各城市在打造城市特色街区、特色空间上取得了较大的成就，如呼和浩特市在塑造特色城市空间，改造旧街区建筑风貌方面走在了全区城市改造的前列。2006 年以来，呼和浩特依据多民族文化交融的历史，从旧城大南街起始，直至成吉思汗大街西口，在七千米长的路段上进行了沿街建筑改造，形成了独具特色的蒙元文化街、伊斯兰风情街、蒙旅商仿古街等特色街区，使城市不同特色的文化历史资源得以展现。呼、包、鄂三座城市在特色空间建设方面仍旧有很大的发展空间，应以城市特色引领城市发展，让城市发展诠释城市特色。

（三）优化城市空间载体与符号载体形象，进一步提升城市美誉度

1. 建设具有地域特色的建筑物

建筑是构成城市形象特色的重要元素，是一个城市的片段，是城市文脉的展现，因此建筑设计需要与城市形象、文化氛围相协调一致，体现时间与空间的内涵。

每个城市由于历史原因都存在一部分布局较杂乱的建筑，在城市文化形象升级过程中，需要在对这部分建筑进行功能完善的同时对它们进行外形的改造并进行适度的艺术性装饰、装修，起到渲染、烘托城市文化气氛的作用，例如，可以将部分有特色的旧街区改造为文化景观街区等。

针对新建建筑则需要进行严格的审批，按照时间性、空间性、创意性、地域性等要求，严格控制新建筑的落成。应用多种建筑创新设计手段，如中西合璧、蒙藏汉建筑元素结合等，以体现内蒙古建筑的地域特点。鼓励设计师应用多种多样的民族文化语言进行建筑造型的创造。在造型方面注重直、曲的结合，避免出现方盒式、高碑式的简单建筑。与此同时，注重单体建筑与城市整体风貌的协调，特别是建筑的群体化，注重背景性建筑的整体设计和外部自然环境的协调性。

2. 进行兼具生态与文脉的园林广场建设

呼、包、鄂三座城市舒展的城市空间与自然生态环境造就了其园林、广场建设的自然基础条件，这三座城市都将园林城市建设作为城市规划建设的重点，使得园林广场建设成了其城市形象建设的亮点。总结呼、包、鄂三座城市园林、广场建设，发现其中有一些先进的经验与特色可以被推广：一是鄂尔多斯市的园林、广场的城市文脉建设。鄂尔多斯将英雄史诗、文化遗产、民族文化体育运动等内容融入园林广场景观当中，园林、广场成为集中体现鄂尔多斯城市地域性与民族性的文化景观区域，这样成功的园林、广场建设经验可以在其他城市的园林广场建设中被广泛采纳。二是注重生态绿地、山体、水系的互相衔接，合理利用自然生态系统，降低成本，扩大面积，形成规模生态效应。

3. 选择清新悦目的城市色彩

一个城市的整体色调也是反映城市文化形象的重要因素，同时城市色彩还反映了一个城市的审美情趣与生态的协调关系。国内外很多城市都非常重视城市色彩的整体协调性，如日本城市色彩以淡茶色、白色为基调，巴黎传统建筑则多采用黑色及淡茶色；国内城市大连及青岛将城市色彩概括为红瓦、绿树、碧海、蓝天。呼、包、鄂三座城市应根据自身环境以及民族文化所崇尚的色彩来确定城市的基本色调。

4. 丰富多彩的雕塑与装饰

城市雕塑不仅起着美化城市环境的作用，同时还承担着无声地传播城市文化、宣扬城市发展理念、宣传地域特点的重要作用，无论是城市居民还是来访宾客都可以从城市雕塑中感受到城市的文化风貌与时代精神等，目前，呼、包、鄂三座城市雕塑还存在着缺乏系统规划和有效管理的问题，因此城市雕塑在选题方面需要满足以下几个条件：一是传承历史文明，可以适当增加体现历史性与地域性的雕塑，通过历史名人、历史著名事件等雕塑内容传播城市历史文化；二是弘扬时代精神，时代精神要紧随时代的发展，如近几年内蒙古大力弘扬的蒙古马精神，蒙古马的形象作为时代精神的象征，可以成为良好的城市雕塑主题；三是审美的启迪与传递，雕塑是美的造型艺术，具有审美熏陶的作用，通过艺术精品美化城市的环境，可以提升公共环境的艺术品位。

另外，对建筑进行适度的艺术性装饰，能够起到很好的美化城市的作用。内蒙古区建筑设计中经常会采用一些具有地域文化特征的装饰性元素，如各类卷草花卉图案、云纹图案、动物装饰图案等民族图案。将这些图案与浮雕、彩绘、镶嵌等的技术手段相结合，对现代建筑进行装饰装修，可以起到很好的美化建筑、烘托地域文化特色的作用。

（四）涵养城市文化气质，注重城市活动载体的建设与品牌化发展

民俗活动作为城市文化的重要载体，是地方特色与城市精神风貌的体现。城市节事则作为一种独具魅力的经济、文化活动，是促进城市经济、文化、旅游发展的重要形式。部分城市节事由于其对城市形象较强的传播力，以及对当地旅游业与相关产业极大的发展力，已经成为有效的城市营销手段。内蒙古品牌节事那达慕大会，目前已经成为多个城市的品牌节事，每个城市举办的主题内容根据地域的不同而有所区别。随着那达慕大会影响力的不断扩大，其对城市的经济、文化、旅游业的推动与发展影响巨大。因此，呼、包、鄂三座城市在现有民俗活动与城市节事的基础上还应进一步积极选择与自身相契合的节事活动进行开发，并且建立自己的品牌节事，通过民俗活动与品牌节事的推广，推介城市形象，发展城市经济，带动旅游业及相关产业的发展。

（五）紧随时代脉搏，加强城市营销与城市文化形象推广

随着时代的发展，我国一批城市进入了城市营销的热潮。除了传统媒体的城市宣传、推广力度不断加大外，互联网媒体也受到了极大的关注，一些创新的营销形式已成为内蒙古城市形象营销的典型案例。呼、包、鄂三座城市文化形象的营销应结合多种类型，如文化营销、经济营销、形象营销、品牌活动营销等，通过系列、持续的营销活动，展现城市特有的文化特色，并实现整个城市经济发展的目标。

第六节 草原文化内涵与城市文化建设

一、草原文化的基本要素

蒙古族人民是北方游牧民族在漫长的历史过程中融合形成的民族共同体，创造了光辉灿烂的草原文化。其特殊的生态环境及发展历史造就了蒙古族独有的民族文化与生活方式，形成了独特的文化系统，这些文化深深植根于蒙古族人民的思想之中，体现在他们生活的方方面面。

（一）蒙古族宗教文化与自然崇拜

蒙古族在历史上曾信奉过多种宗教，其中影响最持久的是萨满教，藏传佛教次之。萨满教是蒙古族的传统宗教，产生于原始时代，在蒙古族人民意识形态中发挥着重要的作用。萨满教以崇拜自然为主要内容，认为"万物有灵"，日月、星辰、暴风、山石、林木甚至凶禽猛兽都是人们崇拜的对象，而且他们还把对大自然的崇拜转化为多种形式：一是宗教祭祀活动，如祭天、祭火、祭神、祭祖等。二是图腾崇拜，图腾的词义为"它的亲族"。蒙古族崇拜的图腾动物种类很多，包括狼、马、白鹿、天鹅、龙等。三是把对自然的崇拜转化为艺术的表达形式，创造了属于自己民族的图案体系，图案主要分为动物图案、植物图案、几何图案、宗教图案。动物图案包括狮子、老虎、牛、羊、马、鹿、蝴蝶、飞鸟等自然界中真实存在的动物，也包括龙、凤等出自神话传说的虚拟动物；植物图案主要是以卷草叶子、树木花草为原型的图案纹样；几何图案多为抽象图案，主要有鼻纹、回纹、云纹、方胜纹、交叉纹等。蒙古族图案及花纹都很注重连续而忌讳中断，这些都是蒙古族人民渴求平衡、协调、秩序以及长久、完整和圆满的象征。四是蒙古族人民自然生态观的形成。藏传佛教的传入则极大地丰富了蒙古族文化，在蒙古族文学、教育以及艺术方面都作出了较大的贡献，藏传佛教倡导慈悲为怀、万物一体，忌讳杀生等，它的传入为蒙古族自然生态意识进一步提供了道德的标准。

（二）游牧民生活方式与建筑文化

蒙古族人民生活在开阔坦荡，水草丰美的高原地区，高原、丘陵、山脉形成了起伏的地势。由于降雨量小，这里的自然生态环境极其脆弱，植被资源有限，自然灾害频发。蒙古族人民为了适应自然逐渐形成了游牧的生产生活方式，流动性成为这种生产生活方式的主要特点。"逐水草而居"化解了自然资源与生活资料之间的矛盾，也塑造了蒙古族人民崇尚自由的性格特征。

绿色的草原上蓝天、白云、星星点点的白色蒙古包构成了一幅游牧社会和谐的美妙画卷。蒙古包是蒙古族人民游走的居舍，其结构简单、方便拆卸、轻便易携，是蒙古族人民在漫长岁月中适应自然、不断适应游牧生活的理想居所。蒙古包由套脑、乌尼、哈那、苫毡、绳带几部分组成，整体呈穹窿型，其设计理念是为随时出发做准备。蒙古族人民信仰长生天，蒙古包穹窿型的天空代表着长生天，保佑蒙古族人民安居乐业，而插在套脑上的乌尼则代表太阳的光芒，展现了团结一心的民族精神。同时，蒙古包也是蒙古族人民天人合一的哲学思想的体现，蒙古族人民将与自然和谐相处发挥到了极致。

（三）草原生态文化观

草原生态观的核心是天人合一，即人与自然的和谐统一。蒙古族人民敬畏自然、敬畏生命的哲学思想决定了他们看待自然的独特视角，蒙古族人民具有天然的生态意识，他们遵从四季轮牧的游牧生活原则，让草原得以休养生息，不至退化；他们从不对动物赶尽杀绝，尽力保持生态链的完整；他们视河流为圣洁之源，从不在河流中洗澡、洗衣。《江格尔》这部英雄史诗中说："上面是天父、下面是地母。"① 萨满教祭火词中也有类似的诗句："以石头为母，以青铁为父，青烟冲入云端，热力可达九天。"这些诗句反映了古代蒙古族人民的自然生态观：世上万物以天地为根，以天

---

① 贾木查.史诗《江格尔》探渊［M］.汪仲英，译.乌鲁木齐：新疆人民出版社，1996：31.

地为父母，世界万物皆平等。蒙古族人民经由游牧的生活形态形式，践行了这一理念，真正做到了人与自然的和谐相处。蒙古族生态观深深融入了蒙古族文化中，与生态伦理、生态法理、生态习俗融为一体，成为蒙古族人民的生活法则。

（四）蒙古族审美意识

蒙古族人民生活在如画的草原之上，他们热爱大自然，同时对美有着灼热的追求和独特的理解。在色彩方面，蒙古族人民偏爱白色、蓝色、红色和黄色，这些颜色与大自然息息相关，如白色源于对乳汁的感恩，蓝色代表着天空，红色代表着火焰，黄色则代表着远古的大地。在服饰方面，蒙古族人民受生活环境的影响，其服饰宽大，袍、靴作为服饰的主体，有大量的装饰图案。在装饰图案方面，蒙古族人民创造了形式多样的装饰图案并将其广泛地应用于服饰、日常用品、家具、祭祀等各类生活场景中。

二、草原文化的核心理念

草原文化在长期积淀中，孕育了许多富有生命力的观念和思想，如开拓进取、包容并蓄、自由开放、崇信重义、英勇乐观等，形成了独特的草原文化观念体系。时任区党委宣传部部长乌兰在内蒙古第五届草原文化研讨会中提出了草原文化的核心理念："崇尚自然、践行开放、恪守信义。"这些理念蕴含了草原文化在处理人与自然、人与社会及人与人之间的关系中的智慧，同时它们也是草原精神的内涵表述，是草原精神文化特征的集中体现。

（一）崇尚自然

我国北方草原特有的自然环境造就了草原民族特有的生产、生活方式：游牧与狩猎。这样的生产、生活方式对自然环境的依赖性是极大的，长期的生活实践让草原民族形成了依恋、爱护、珍视自然的情感思想，从"万物有灵"的信仰，到法律制度的约定，都体现着草原民族与自然和谐相处的处世之道。长期以来，世代草原人民尊崇着敬畏自然、珍爱生命、与自然和谐相处的共生观念，由此也衍生出了人与社会、人与人和谐相处的思想内涵。因此，我们可以把草原民族这一生态理念称为"崇尚自然"。这一理念主要包括对敬畏崇尚大自然，尊重生命的生态意识；对大自然知恩图报，适度索取的节制意识以及由此衍生的人与自然、人与社会、人与人的和谐意识。这是草原文化中最核心的文化理念，也是草原文化有别于其他文化的重要标志之一。

"崇尚自然"作为草原民族的核心价值理念，涵盖了物质文化、制度文化、精神文化的各个层面，作为全社会的统一意志，贯穿于历史上北方民族政权的制度、法律、道德的规范体系中，作用于生产生活的各个领域。崇尚自然理念与现代绿色生态理念是相契合的，因此草原文化也是一种绿色生态文化。

（二）践行开放

成吉思汗曾说过，作为民族的最高统治者，应该有像太阳和海一样的胸怀，太阳可以给每个角落带来温暖，海洋可以容纳百川。包容、开放是草原人民的优良品质，历史上草原民族能够快速地接受异质文化甚至融入其他文化与他们开朗奔放、富有探险精神的民族性格是分不开的。草原民族开拓进取，他们经常与中原内地以至世界进行经济交流与文化沟通，以开放豁达的心态待人接物，尊重、接纳不同文化、宗教。这一思想意识可以被称为"践行开放"。

从某种意义上讲，兼容并蓄是开放理念的基本内核，开拓进取是开放理念的外在表现。草原民族在践行开放理念的过程中，不但努力接受外来文化，发展自身文化，而且积极扩大自身文化影响，促进人类不同文化之间的交流，共同推进人类文明的进步。千百年来，"践行开放"的文化理念调动了草原文化的活性因子，促进了文化的整合，使外来文化要素与草原文化产生了一种同构关系，有力地推进了草原文化的整体发展进步。

（三）恪守信义

恪守信义是指能够遵守互相之间或集体之间的约定、协议及诺言，诚实无欺，坚持到底，不轻易背叛，有秩序、有规范、有礼仪，知廉耻荣辱，有所为有所不为。成吉思汗认为"忠""诚""信"是一个国家治国的核心要件，执政者要树立威信，赢得民众的信任与拥戴就需要以"信"字为先。草原人民也是如此，他们历来把崇信重义当作最重要的原则，在充满自由的草原生活中，恪守信义、自觉自律确保草原民族能够与其他民族很好地交往、合作，并受到其他民族的尊重。

崇尚自然、践行开放、恪守信义是草原文化的核心理念，是草原文化形态特征的体现，也是草原文化得以繁荣发展的精神动力。这种文化理念贯穿古今，已经深深融入了草原民族的精神，成为引领草原民族文化发展、进步的精神动力。

三、内蒙古文化符号在城市形象中的应用

内蒙古地区属于草原文化的核心区域，有着丰富的文化资源，并形成了众多独具特色的地域文化符号。2015年内蒙古社会科学院向外界公布了内蒙古十大文化符号：内蒙古大草原、蒙古马、蒙古包、成吉思汗、草原英雄小姐妹、那达慕、敖包、马头琴、蒙古文、红山玉龙。这十大文化符号囊括了草原文化的发祥地与承载地、草原民族的英雄人物、吉祥动物、独特建筑、传统节日、民族乐器、红山玉器以及蒙古族文字。它们是内蒙古历史文化的代表性形象与集中体现，同时也是内蒙古文化精神的深刻揭示。

草原文化自成体系，十大文化符号在城市形象建设中的应用是十分广泛的，不管是在城市空间载体还是在城市符号载体中都有着广泛的应用。

2003年以来，自治区制定出台了一系列关于加快城镇化进程的决定，内蒙古的城市形象建设进入了新的阶段，体现时代精神、传承时代发展成为城市形象建设的主旋律。内蒙古各城市涌现出了一批特色鲜明的城市建筑、园林景观，例如，鄂尔多斯大剧院采用蒙古族头饰造型和装饰元素，建筑线条流畅而富于动感；包头市博物馆的立面造型寓意"内蒙古草原上的巨石"，勾勒出了其民族文化底蕴；内蒙古博物院和乌兰恰特大剧院连

体建筑，以草原、河流、民居等众多民族性元素，形成了天上草原的意境；鄂尔多斯以一代天骄成吉思汗史诗作为群雕素材，打造出了英雄主题的城市广场。在内蒙古城市形象建设进程中，各地对当地建筑、园林形象、雕塑、城市家具等形象要素进行了广泛的尝试，蒙古族文化作为内蒙古的代表性地域文化已经深深植根于各城市的形象建设之中，城市的标志性建筑、建筑装饰、广场雕塑、公共设施等都被赋予了蒙古族信仰精神以及文化内涵。

1. 自然崇拜下的物象符号在城市形象中的应用

蒙古族人民崇尚自然，动植物是他们赖以生存的物质资源，在他们心中地位极高，多种动物作为蒙古族人民的图腾出现，五畜、老鹰、苍狼、白鹿都是他们崇拜的对象。这些动物形象大多以岩画、岩雕、雕塑、图案等形式呈现出来，城市雕塑的应用则最具有代表性，如内蒙古博物馆（旧馆）以"马"为元素的雕塑《白马》，赤峰新区玉龙广场以"龙"为元素的雕塑《飞龙在天》，新巴尔虎右旗以"苍狼"为元素的雕塑《苍狼》等，这些动物雕塑形象极具地域文化特色，文化内涵能够很好地被大众感知。

2. 英雄崇拜下的物象符号在城市形象中的应用

蒙古族人民崇拜英雄，成吉思汗、忽必烈、博尔忽、嘎达梅林等都是蒙古族人民心中崇拜的英雄，这些英雄的形象被大量用于城市雕塑、浮雕、绘画艺术品中。其中，成吉思汗是蒙古族人民心中的神，其形象的运用是最常见的，如鄂尔多斯市康巴什区广场的成吉思汗史诗组雕、成吉思汗陵宫内的成吉思汗雕塑等。

3. 蒙古族建筑的物象符号在城市形象中的应用

蒙古包是蒙古族人民的居所，其独特的造型、绿色环保的结构形式以及美好的寓意都是其在城市建筑形象中广泛应用的原因。内蒙古在城市形象建设中应用蒙古包造型的案例很多。例如，呼和浩特蒙古大营的建筑全部采用了蒙古包形式，蓝天白云之下，绿草之间有着纯洁的白色蒙古包的点缀，让自然景观过渡为城市的人文景观。内蒙古很多的城市建筑上都采用了"现代的形式，民族的符号"，就是建筑主体采用现代建筑造型，但在顶端加上"蒙古包"造型，以体现地域文化特色，如内蒙古赛马场、内蒙古大学主教学楼等。

4. 蒙古族图案在城市形象中的应用

蒙古族图案由于其美好的寓意、极强的装饰性以及灵活多变的适合纹样形式受到了蒙古族人民的喜爱，被广泛应用于他们的生活当中。蒙古族纹样在城市形象建设当中的应用也是极其普遍的，城市建筑、城市家具、城市广场、商业设施中都能够看到这些纹样的身影。在呼和浩特蒙元文化街的改造项目中设计者和施工方就为部分原有建筑外立面的墙面加上了大量蒙古族纹样的装饰，给这些建筑注入了蒙元风格特色。此外，在内蒙古很多城市家具上都可以看到这些装饰纹样的身影，路灯、座椅、垃圾桶、路牌上都装饰着蒙古族图案，这些纹样不但能够增添环境的美感，而且能够增添城市的文化氛围，体现城市的形象特色。

5. 草原文化精神要素在城市形象中的应用

一座城市的精神是这个城市民众所拥有的气质精神、价值追求，也是城市居民的共同意识，这些共同意识承载了城市居民所共同经历的历史记忆、长久形成的民俗习惯以及道德观念，而这些共同意识又逐渐形成了城市的文脉。每一座城市都应该明确城市精神要素，塑造属于自己的城市精神。从城市精神要素入手塑造城市特色形象，是城市形象建设的重要内涵之一。内蒙古是草原文化的发源地，草原文化精神则是内蒙古人民在长期历史发展过程中凝结形成的共同价值体系，是内蒙古人民的精神支柱。从草原文化的核心精神看，"开拓进取、自由开放、崇信重义"成为内蒙古地区各城市的核心精神要素，在城市形象建设过程中，应依托草原文化精神要素精心培育，创设城市精神的人文环境，发展体现城市精神的文化产业，建设特色鲜明、文化内涵丰富的城市形象。从草原文化的生态观看，草原的生态文化观用最朴素的方法实践着可持续发展的理念，最大限度地利用自然资源，同时与自然和谐相处，这种生态理念与现代可持续发展的理念不谋而合，内蒙古地区推进全面、协调、可持续发展理念，草原生态文化观对城市的协调、生态、可持续的发展有着重要的指导意义。

6. 蒙古族行为要素在城市形象中的应用

蒙古族独特的草原文化形成了众多独有民族特色的节庆活动，这些节庆活动是蒙古族人民行为要素中最具代表性的。每年的 7 月至 8 月，草原上都会举行那达慕大会——蒙古族人民为庆祝丰收而举行的文体娱乐大会，在那达慕大会上有惊险刺激的赛马、摔跤活动，有争强斗胜的射箭与棋艺比赛，也有引人入胜的舞蹈。如今那达慕作为第一批国家级非物质文化遗产已成为草原上的一道风景线，那达慕大会也成为一年一度草原盛大的旅游节庆活动，外来的游客通过节庆活动感受蒙古族人民自由豪放的民族性格，体验内蒙古独特的美食文化。除了那达慕外，近年来自治区政府还不断推出各类蒙古族文化活动，昭君文化节、乌兰牧骑艺术节、阿拉善左旗奇石文化旅游节、阿尔山圣水节、红山文化节、篝火节等都是在蒙古族传统节庆活动的基础上开发出的旅游文化活动，这些文化活动不仅展示了蒙古族人民的行为特征与精神文化，而且提升了地区的知名度，为当地带来了丰富的旅游经济效益。

城市形象包括外在的视觉形象以及内在的精神形象，内蒙古塑造具有民族特色的城市形象，需要草原文化视觉符号与草原文化精神的多重诠释，不仅要在形象上体现草原文化的要素，还需要在城市精神与市民行为上体现草原的精神文化。草原文化内涵广博、意义深远，是内蒙古宝贵的文化资产，也是体现城市特色形象的核心内涵。研究草原文化在城市形象中的应用，有助于继承和发扬草原传统文化，对促进内蒙古城市形象的建设，推动城市文脉发展有着重要的意义。

本章作为独立文章初次发表于《包装工程》2020 年第 18 期

参考文献

[1] 宋立新. 城市色彩形象识别设计 [M]. 北京：中国建筑工业出版社，2014.

［2］张鸿雁，张登国．城市定位论——城市社会学理论视野下的可持续发展战略［M］．南京：东南大学出版社，2008.

［3］郝益东．草原城韵（总卷）［M］．北京：中国建筑工业出版社，2010.

［4］宫乘祥．鄂尔多斯城韵［M］．北京：中国建筑工业出版社，2014.

［5］赵俊青．简述呼和浩特街道景观雕塑与城市文化（一）［J］．山西青年，2018（3）：238.

［6］刘翠芬．文化建设与包头城市形象塑造［J］．内蒙古师范大学学报（哲学社会科学版），2015，44（1）：79-83.

［7］杨彬，宁小莉．基于城市文脉的包头市城市形象设计研究［J］．山西建筑，2013，39（6）：1-2.

［8］李秉荣．包头生态城市建设研究［D］．呼和浩特：内蒙古农业大学，2002.

［9］王静．包头市主要城市节点功能及景观设计研究［D］．内蒙古：内蒙古师范大学硕士论文，2010.

［10］伊妮娅．地域文化元素在呼和浩特城市形象识别系统中的应用［D］．呼和浩特：内蒙古师范大学，2016.

［11］孙学力，苏林娜．蒙古族［M］．北京：中国人口出版社，2012.

［12］贾木查．史诗《江格尔》探渊［M］．汪仲英，译．乌鲁木齐：新疆人民出版社，1996.

［13］朋·乌恩．蒙古族文化研究［M］．呼和浩特：内蒙古教育出版社，2007.

［14］内蒙古社会科学院草原文化研究课题组．崇尚自然 践行开放 恪守信义——论草原文化的核心理念［J］．内蒙古社会科学（汉文版），2009，30（4）：1-3.

［15］吴艳．草原文化的基本精神对培育内蒙古地区城市精神的意义［J］．内蒙古社会科学（汉文版），2008（2）：109-112.

[16] 王爱霞，任光淳．蒙古族生态文化在城市园林中的表达研究
[J]．贵州民族研究，2016，37（7）：64-67.

[17] 单霁翔．城市文化特色重塑与文化城市建设（上）[J]．北京
规划建设，2007（6）：100-107.

第五章

城市文化形象的构建策略
——以包头市为例

包头地处内蒙古西部，是一座重工业重镇。包头地区人文历史源远流长，新石器时代起源到中华人民共和国成立历经几千年的时间，不同的文化交融共生，形成了包头鲜明的文化特色：包头市既是游牧民族的集萃地，又是重要的茶马商贸重镇。中华人民共和国成立后，一大批大型工、矿企业落户包头，从而形成了包头灿烂辉煌的工业文化。包头市是内蒙古地区的一座大型城市，也是呼包银榆经济区的中心城市。

在世界经济发展迅速的今天，包头作为一座传统的重工业城市，城市发展面临着巨大的挑战。在 2020 年中国百强城市排行榜中，鄂尔多斯排在 46 名，呼和浩特排在 66 名，包头仅排在第 76 名，是内蒙古三大城市中排名最低的，而在前文对城市文化形象的对比中也可以发现，包头在文化形象的构建方面同样处于劣势。包头市要想在激烈的市场竞争中赢得优势，就必须进一步发掘城市自身的优势与潜力，遵循国际化、特色化、差别化发展，提高城市的品质，全面提升城市形象。

第一节 包头市城市文化定位

从自然地缘文化、历史文化方面包头城市文化形象大致可以分为三个部分：蒙元文化、西口文化、工业文化。

1. 蒙元文化

蒙元文化是蒙古族人民创造的文化，又称草原文化。包头故地北靠阴山、南邻黄河，自古以来就是北方多民族草原文化与中原农耕文化的荟萃之地，是蒙古族传统文化的传承地。成吉思汗在统一蒙古部落中与包头故地的汪古部结为"安达"，成吉思汗让自己的三女儿阿剌海别吉嫁到了汪古部，在其后的几百年中不断有各部落蒙古族人民驻牧包头，元代先后有16位公主下嫁赵王城，留下了诸多蒙元文化的历史遗迹，如美岱召、五当召、梅力更召、昆都仑召、沙尔沁召、福征寺等。

2. 西口文化

包头市是中国近代一个重要的商业城镇，素有"水旱码头""皮毛集散地"之称，由于晋陕人口的不断迁徙，带来了西口的移民文化，"西口文化"特色鲜明。同时成千上万"走西口"的人不畏艰险、艰苦创业，逐渐形成的坚忍不拔的精神与蒙古族粗放宽厚的性格相融合，形成了独特的"西口精神"。

3. 工业文化

中华人民共和国成立后的第一个五年计划确定在包头建立钢铁工业基地，并建设起三大企业——包钢、一机（617厂）、二机（447厂）。包头成为内蒙古重要的工业城市之一，"钢铁文化""兵工文化"因此诞生，包头也被誉为"草原钢城"。随着西部大开发的逐步深入，包头新兴产业的开发如稀土产业、铝业、电业等也渐渐发展起来，包头的"稀土文化"名扬四海。

第二节　包头市城市文化形象构建策略

一、包头城市精神文化载体构建策略

城市的发展需要先进理念，从城市经济、文化可持续发展的角度，追求具有包头特色的城市品牌形象，构建具有包头特色的城市精神与城市品牌，形成有利于城市发展的价值观，为包头实施西北强城的发展战略、强化城市特色优势提供强有力的理念与精神支撑。

包头市近些年在城市生态、文明建设方面走出了自身的文化特色，并取得了重要的成就，如先后五次获得"全国文明城市"称号，建成了"三百米见绿，五百米见园，半城楼房半城树"的城市风貌，同时获得了"联合国人居奖""中国人居环境范例奖""国家森林城市""国家园林城市"等多项称号。但包头在城市理念与城市品牌建设方面还不够清晰，没有形成自身的城市精神与城市品牌的描述。

包头市城市精神与城市品牌构建需要进一步发展，也需要依托自身区位条件、自然禀赋、文化产业结构。应找准城市精神、城市品牌定位，在结合城市历史性、前瞻性与个性化的基础上，为包头市确定城市文化精神与城市品牌，既要考虑城市的历史传承，又要符合时代的发展，与包头人文精神、发展模式一脉相承，并在结合城市文化精神、城市品牌定位的基础上设计相应的城市视觉识别系统，增加城市的辨别度，打造城市文化品牌形象。

二、包头城市空间载体与符号载体品质提升

1. 空间载体方面

包头自 2017 年开始打造全域旅游，目前建设已经卓有成效，形成了"一环、三带、四区"的全域旅游格局。但总体来看，包头城市空间载体还存在着总体数量不够丰富、吸引力不足、景观空间周边建设不足的问题，特别是在包头打造"一环、三带、四区"旅游格局后，原本独立的景观空间被串联起来，这就要求景观空间沿线通过增加景观节点、建设主题片区、增加文化旅游体验项目等多种形式，建设风景处处如画的 360 千米景观环线。

2. 符号载体方面

（1）打造城市标志物

城市标志系统包括城市标识系统、城市吉祥物、市树、市花、标志性建筑、标志性雕塑、标志性街区等。包头市历来重视城市标志物的打造，确定了市树、市花、标志性雕塑、城市吉祥物等相关城市标志物。未来应

在现有城市标志物的基础上进一步强化包头市标志物形象，构建城市标识系统，明确包头市标志性建筑，统一城市视觉形象，并充分运用广告牌、公交车站、出租车、网络媒体等途径宣传城市标志物，对包头的城市形象进行全面的宣传。

（2）加强城市各空间载体的特色风貌建设

严格控制与区域风貌不符的空间载体建设。包头市由于历史原因，城市建筑载体在一定程度上存在形式单一、造型混乱、缺乏地域文化特色等问题，在城市文化形象升级过程中需要对部分老旧建筑进行功能完善，同时还要进行外形的改造与艺术性装饰、装修；针对新建建筑则需要进行严格的审批，按照时间性、空间性、创意性、地域性等要求，严格控制新建筑的落成。运用多种建筑创新设计手段，如中西合璧、蒙藏汉建筑元素结合等，以此体现内蒙古建筑的地域特点。鼓励设计师运用多种多样的民族文化语言进行建筑造型的设计。造型方面注重直、曲的结合，避免出现方盒式、高碑式的简单建筑。与此同时，还应注重单体建筑与城市整体风貌的协调，特别是建筑的群体化，注重背景性建筑的整体设计和外部自然环境的协调性。

（3）将不同片区文化特征作为文化载体的规划依据

包头老城区（东河区）与新城区（昆都仑区、青山区、高新区）文化符号特征明显，功能分化明确，规划清晰，城市可读性极高，新城区以工业文化为主导，老城区则以历史文化为主导，城市自然风光与不同城市文化自成一体。具体来说，东河区以老城区历史文化特色为主（西口文化），昆都仑区以工业文化为主，青山区以军工文化为主，新都市区和滨河新区以现代都市风貌为主，稀土高新区以工业文化为主（稀土），九原区以蒙元文化为主（蒙汉交融的历史文化）。各区建筑、景观、小品等符号载体都应充分尊重该区的文化特色，严格控制与该区文脉不符的项目建设，遵循建筑、雕塑作品需要匹配区域不同文化特征的原则，打造包头独特的城市文化形象。

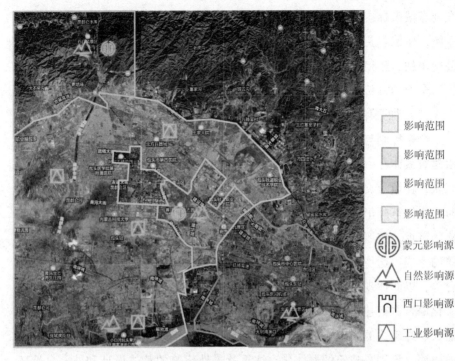

图5-1 包头城市文化符号大致影响范围

以东河区为中心，在原有的历史风景街区、文物遗址的基础上进行历史资源符号化开发与保护，并赋予其历史意义。通过"借景""端景""引景"等手法，将孤立、散落的城市历史建筑串联起来，达到与周围环境协调融合的效果。在此基础上进行符号意义的外延，构建包头游牧文化与西口商业文明相结合的历史名城形象，将物化的历史古迹转化为历史文化符号，赋予其意义。以蒙元文化元素及西口文化元素为基础，通过对其区域形象系统的提升与改造，充分体现东河区的文化内涵。

在钢铁大街沿线打造草原钢铁主题文化。借助钢铁大街以及包钢的品牌效应，进一步提炼钢铁文化符号，打造钢铁大街沿线的草原钢铁文化，在标识导向系统、城市家具系统以及商业步行街、商圈形象系统中深入打造草原钢铁文化的城市形象系统。

围绕青山一机、二机周边地域，打造以军工文化为主题的区域形象系统。将军工文化这样抽象的文化符号转化为具象的实物，如包头兵器园中展示的北方重工所生产的兵器等，生动地展示出军工文化的内容和细节，利用包头市军工之城的资源优势，打造包头军工之城的文化形象，军工产业与文化旅游进行深度融合，打造军工旅游精品项目，并制作坦克、大炮等军工模型，吸引兵模爱好者。

围绕包头稀土开发区建设，打造"稀土之都"的区域形象。

（4）雕塑设计

雕塑设计应凸显包头城市特色文化，强化城市门户区的标志性雕塑形象。目前包头火车站形象建设较能突出包头的城市文化，飞机场、高速路口等门户区域尚缺乏标志性雕塑形象。在新雕塑的设计中需要注重位置的选择、现有雕塑高度和周边建筑高度的协调、公共空间对雕塑主体烘托、雕塑基座与主体材质的合理应用、现代媒体技术（如声、光、电）与雕塑本体的融合等。

三、包头城市活动载体构建

应用城市活动载体大力塑造城市文化形象。城市活动载体对城市整体形象、综合竞争力、旅游业等都具有巨大的推动作用。近几年，包头地区举办的城市节事活动不多，其中具有影响力的节事活动有包头市那达慕草原旅游节、包头黄河鲤鱼节、南海河灯节等，对大型城市节事的策划与宣传仍需加强。应举办更多城市节事、城市大型活动，如文化节、艺术节、电影节、旅游节、服装节、文化体育活动等，尽可能多地将城市文化通过节事、活动的形式展现在世人面前，并通过邀请更多媒体人参加，使城市形象在这些大型活动中充分展示与放大，从而起到宣传城市文化形象的作用。打造一系列具有辨识度的城市文化活动，通过线上线下相结合的方式，线下活动与线上宣传互相串联起来，通过线上推广、线下展览展示等形式进一步推广活动的品牌形象，增强其传播力。

四、运用城市营销的模式推广包头的城市品牌，提升其城市影响力

包头地处呼包银榆经济发展的核心地带，是国家重点发展的传统重工业发展重镇，是著名的"稀土之都"，拥有丰富的自然生态资源与矿产资源。在城市营销的总体推广思路上可以以城市生态、文化作为吸引力，通过旅游业提升城市知名度，以城市工业与商业为中心，创造良好的营商环境，在保持原有重工业优势的基础上促进商业价值增长，提升城市经济实力。以"钢铁之城""文明之城""生态之城""军工之城""稀土之都"作为包头城市营销的名片，对城市文化名片进行分体包装营销。

第三节　包头市城市文化符号的挖掘与定位

一、基于大数据的城市文化符号的文本挖掘

构建城市符号系统需要满足城市发展的类型以及文化发展的不同阶段，既能够反映城市空间、建筑等城市实体符号，又能够反映城市身份的心理意向、集体经验等虚体文化，构建完整、有效的符号系统，最终使这些城市形象的符号系统被受众准确地解读和感受，这就需要从大众认知的角度对这些城市符号进行准确的选择和定位。

随着互联网的发展和普及，网络成为人们自由表达看法的便利渠道，网络上的一些内容真实地反映了大众对城市形象的认知及态度，通过对网络上的内容进行分析，能够明确大众对城市形象的感知，确定大众认可的高频符号，从而把握城市文化的定位。具体研究时可以采用文本挖掘法，它是一种定量研究的方法，通过从大规模文本库中提炼隐含信息，寻找大众对某一城市的心理印象及城市文化符号中的高频词汇。

（一）数据来源

数据来自百度贴吧、新浪微博、腾讯微博、百度旅游、携程旅游、去哪儿网等网站有关包头、包头文化的网络文章及点评数据，收集到数据后，按以下步骤进行筛选：

（1）对采集的相关文本进行筛选，剔除与包头文化无关的文章，保证内容的客观准确；

（2）去掉与其他文章相似度高的文章，确保文章内容的有效性；

（3）为确保文章的时效性，选用文章的发表时间为 2015 年 1 月至 2018 年 10 月。

筛选后得到约 1200 篇文章，为提高这些文本的准确性，将语义相近或互为指代词的词汇进行统一，如将"小布达拉宫"替换为"五当召"，将"蒙语""蒙古族方言"替换成"蒙古语"。

（二）研究方法

采用文本挖掘的方法对网络文章以及评论进行数据分析。①利用"八爪鱼"采集器选取百度贴吧、新浪微博、腾讯微博、百度旅游、携程旅游、去哪儿网等网站的文章及评论，将采集到的 1200 余篇文章整理到 *.csv 表格；②使用"Anaconda Navigator"软件作为文本挖掘工具，对 *.csv 表格进行分词，使用"停用词"过滤掉无关信息，提取出现频率较高的关键词，对关键词进行排序并确定高频词；③对提取出的词频文件构建词云图，以形成可视化图形。

（三）数据统计

表 5-1　包头城市文化高频词汇表

特征词	频数（次）	分数	特征词	频数（次）	分数	特征词	频数（次）	分数
钢铁	112	100.00	稀土	35	31.25	梅力更	18	16.07
草原	111	99.10	蒙古包	34	30.36	阿勒坦汗	18	16.07
五当召	93	83.03	三鹿腾飞	30	26.79	王昭君	16	14.29
工业	82	73.21	剪纸	30	26.79	一宫	16	14.29
黄河	73	65.17	赛罕塔拉	29	25.89	阿尔丁动物园	16	14.29
南海公园	55	49.10	火车站	25	22.32	少年宫	15	13.39

特征词	频数（次）	分数	特征词	频数（次）	分数	特征词	频数（次）	分数
秦长城	51	45.53	二人台	24	21.43	图书馆	14	12.50
美岱召	46	41.07	包钢	24	21.43	稀土大厦	14	12.50
大青山	42	37.50	鹿城	24	21.43	包头方言	14	12.50
羊肉	41	36.60	蒙古语	23	20.54	乔致庸	13	11.61
西口	40	35.71	希拉穆仁	20	17.86	手把肉	13	11.61
博物馆	40	35.71	蒙古族	19	16.96	麻池古镇	13	11.61
一机	38	33.93	钢铁大街	18	16.07	火锅	12	10.71
莜面	38	33.93						

（四）意义分析

1. 提取出现频率高、排名靠前的前40个词汇作为高频词汇。

2. 从以上高频词表可以看出，城市的地标性建筑、景点、街道是出现频率最多的，有12个，如"三鹿腾飞""稀土大厦""博物馆""火车站"等建筑都体现了包头独特的城市形象，在城市形象的感知过程中，城市的实体符号是大众印象最深刻，最容易被大众感知的城市内容。

3. "钢铁""包钢""工业""一机""稀土"几个高频词汇体现的是包头的工业文化特征，"钢铁"在所有高频词汇中排在了第一位，可见大众对包头钢铁文化感知的强度，包头钢铁文化是现代包头城市文化的表征之一，包钢是钢铁文化的发源地，一机则是工业文化的一部分，代表了包头的军工文化。包头有"稀土之都"的称号，稀土资源全国第一，包头稀土高新技术产业开发区是内蒙古至今唯一的国家级高新区，因此，稀土也是包头重要的文化符号之一。

4. 包头地区一直是蒙古族文化的传承地，草原文化、蒙元文化的传承至今已有800多年的历史。在高频词汇中，"草原"排名第二，这也证明了大众对包头城市文化中的草原文化、蒙元文化的认同，这些文化深入人心。同时，在40个高频词汇中，"五当召""赛罕塔拉""蒙古包""希拉穆仁""蒙古族""阿勒坦汗"等词汇都是蒙元文化的重要组成部分。

（1）"五当召"是中国藏传佛教的四大名寺之一，是蒙古族人民为信仰"黄教"所建造的召庙，是蒙古族人民信仰所在；

（2）"赛罕塔拉"是中国最大的城中草原，是包头重要的城市公园；

（3）"蒙古包"是蒙古族人民的居住场所，是蒙古族人民生活方式的见证；

（4）"希拉穆仁"是包头地区名扬海内外的草原旅游胜地；

（5）"阿勒坦汗"对包头地区的民族融合做出了重大贡献。

5. 历史上的大移民事件"走西口"为包头带来了山西、陕西等地的文化，丰富了包头的文化；"包头剪纸"是国家非物质文化遗产，"二人台""莜面的制作工艺""面塑"等技艺都是包头特有的文化元素。

6. 高频词汇内容与城市文化定位高度一致，进一步表明了包头的城市文化特征。

（五）高频词汇云图

图5-2　包头高频词汇云图

二、包头城市文化符号定位

通过符号学的理论对采用文本挖掘的方法获得的 40 个高频词汇进行分类，按照城市形象符号、历史符号、理念符号、行为符号进行分类：

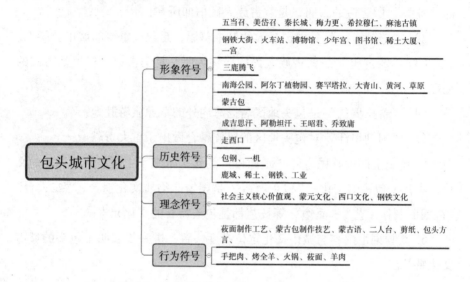

图 5-3 包头城市文化符号高频词汇分类

进一步将这些符号进行分类，可发现它们与包头的历史文化有着紧密的联系，这些符号分别对应着包头的蒙元文化、西口文化、钢铁文化以及自然风光，因此包头城市文化符号定位可以进一步明确为以草原、钢铁文化符号为核心，结合蒙元文化、西口文化及钢铁文化的城市文化符号综合体。

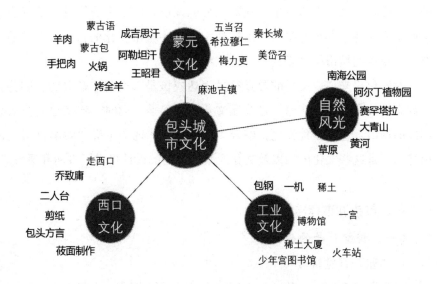

图 5-4　包头城市文化符号总结

第四节　打造包头市独特的视觉符号

城市视觉符号在广义上包括了城市所有的城市标志、导向指示、城市色彩、城市空间环境等。狭义上的城市视觉符号是视觉传达意义上的城市视觉符号，包括城市标志、城市象征物。城市视觉符号对于构建城市形象系统来说是至关重要的，它通过符号化的文字、图形、色彩等视觉元素将复杂的城市信息简约地传达出来，从而帮助城市提高形象识别力，在信息社会中处于领先地位，增强城市整体竞争力。

包头城市视觉符号元素的确定主要来源于对大数据的深度挖掘，通过对包头城市文化基因的提取，将高频词汇中排在前几位的"钢铁""草原""工业"为基础元素，结合高频词中具有包头特色文化的"蒙古包""鹿城"等元素进行设计。

在对提取出的元素的简单认识下，形成初步的符号信息，对符号进行分析、概括、抽象，激发出民众对符号的深层理解，由此提炼出更具有包头城市文化特色的视觉符号，以达到宣传包头城市文化的目的，塑造更具有包头特色的城市符号系统。

对于包头来说，文化的视觉符号表达应该是大气的、豪爽的，因为包头拥有着最大的城中草原，且草原文化气息显著。同时，包头也是具有包容性的城市，包容多种文化，融合多个民族，体现了包头"海纳百川"的精神。正是这些文化内涵以及文化元素为我们的设计提供了方向和灵感。

一、包头城市标志再设计

（一）视觉符号的确定

1. "鹿"视觉符号

包头有"鹿城"之称，"包头"是蒙语"包克图"的谐音，意为"有鹿的地方"，因此"鹿"这个元素在构建城市视觉符号中就必不可少。

以"鹿"的形态为原型进行设计，加以抽象、美化，并凸显鹿的鲜明特色，如鹿角、鹿耳等。颜色上采用黄色、红色等明亮的颜色，体现鹿的活泼和积极向上的精神。

2. "草原"视觉符号

包头被称为"草原钢城"，拥有希拉穆仁大草原和全国最大的城中草原——赛罕塔拉。"草原"这个词与包头是紧密相连的，凡是来包头旅游的人，都会对包头的草原有着深刻的印象。草原代表着包头具有辽阔、宽广、包容的特性，也展现了包头良好的自然环境。所以，这个文化元素在符号设计中不可或缺。

草原的视觉符号设计，采用线面结合的方式，表达出草原的辽阔以及风景的优美，可以搭配蒙古包、鹿、羊群等元素进行设计，使图样更加丰富，颜色上应以绿色为主色。

3. "蒙古包"视觉符号

包头深受蒙元文化的影响，蒙古包作为蒙元文化的代表物，具有设计价值。设计时以蒙古包的外观为基本设计元素，对其进行抽象、概括、提炼，变成简单的图形加以应用，并以蒙古族纹样作为点缀，体现蒙元文化特色。

4. "钢铁"视觉符号

包头钢铁文化是现代包头城市文化的表征之一，在高频词汇中，"钢铁"也排到了第一的位置，可见大众对包头钢铁文化的感知度之强。在设计时，可以对其外观进行抽象，也可以将"钢铁"体现在城市家具的材质上。

（二）标志再设计

城市标志是城市符号系统中重要的一环，是一个城市文化以及精神面貌的体现，著者结合城市定位，对包头城市标志进行了重新设计。

选取"包"字来代表包头，包字的上半部分由一只飞腾的鹿代替，体现出"鹿城"的含义，包字的下半部分，采用潇洒的一笔代替，表明包头的草原一望无际，且包头人民性格豪爽大方，中心用一个圆环表示包头团结一心，包容万象，同时代表钢铁，体现"草原钢城"的特色。

整个标志简洁明朗，灵动飘逸。采用"红黄绿"三色，渐变色上层运用红色，中部运用黄色，底部运用绿色。和谐美观，体现包头的包容性，融合多个民族，包容多种文化。且彩色象征着积极、活泼、进取、持续发展。见图5-5。

图5-5 包头城市标志设计

包头是典型的移民城市，包容着多个民族、多种文化，在色彩上要体现出民族融合与文化交融，结合包头积极、活泼、进取、绿色、持续发展的城市性格，采用"红黄绿"三色，和谐美观，与包头城市形象更为契合。

标准字体是基础要素之一，是城市视觉符号中不可缺少的一部分。在对标准字体进行设计时，应当考虑不同的视觉印象，包头城市标准字体采用了三种字体：配合标志使用的毛笔行书字体、广泛应用于形象系统的方正黑体以及标准英文字体 Franklin Gothic Demi。见图5-6。

图5-6 标准字体

二、城市标志应用系统设计

（一）标志衍生品

将标志应用于广告牌、徽章、手提包等产品的设计中，起到宣传包头城市文化的作用。见图5-7。

图5-7 标志衍生品

（二）办公用品设计

城市办公用品既具有公务上的实用功能，又具有视觉识别作用，也可用于传播城市文化。见图5-8。

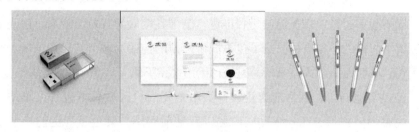

图5-8　办公用品

（三）城市公共交通设计

公交车和出租车是包头最为常见的交通工具，它们遍布于包头的大街小巷，统一的规划设计，会让城市形象更加深入人心。见图5-9。

图5-9　城市公共交通

（四）城市家具设计

城市家具是指各种户外环境设施，统一风格的城市家具更有助于完善城市形象，在大众心中留下完整统一的视觉形象。城市家具包括公交站台、路灯、围栏、广告牌、垃圾桶等。可运用城市标志、蒙古包、蒙古族纹样、鹿等元素进行城市家具设计。见图5-10。

图5-10　城市家具

三、城市标志物设计

（一）位置选点

随着包头打造全域旅游的进程推进，全国各地的游客纷至沓来，包头给游客留下怎样的印象直接决定了包头城市形象的传播。城市的门户区域，如飞机场、高速路口、火车站等，是城市给游客留下第一印象的重要门户。

经过实地调研，到目前为止，包头市重要门户区域只有包头火车站建成了完整的门户形象，包含站前广场以及站前雕塑，其他重要的门户节点还缺乏形象符号建设，特别是高速路的出入口位置。包头目前的城市形象

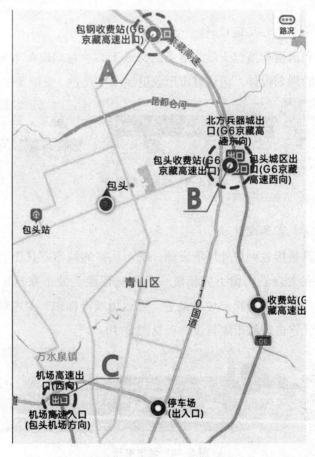

图5-11 A、B、C选点位置

建设忽视了对这些城市重要节点的形象设计，应在此方面加以改进，为包头城市文化形象增添风采。结合包头高速路口的实际位置，本文选取了包钢出口（京藏高速西向）与京藏高速入口（呼和浩特方向）、包头城区出口（京藏高速西向）与北方兵器城出口（京藏高速东向）以及机场高速出口（西向）与机场高速入口（机场方向）三个重要的高速路口节点进行雕塑设计，分别对应图 5-11 中的 A、B、C 选点。

1. 包钢出口（京藏西向）与京藏高速入口（呼和浩特方向）

位于昆都仑区包钢厂区北部，出入口向南与 110 国道相交，沿包钢东路南下，过昆都仑中桥与城市"主动脉"钢铁大街相连，是城区西部高速重要出入口。见图 5-12。

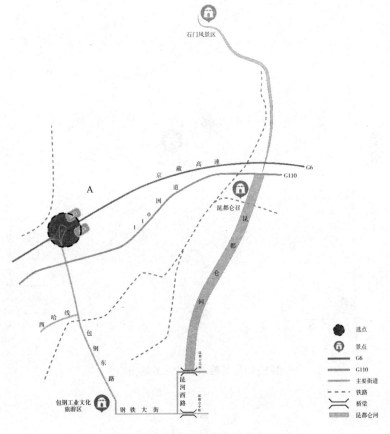

图 5-12　包钢、京藏高速出入口

2. 包头城区出口（京藏高速西向）与北方兵器城出口（京藏高速东向）

位于青山区北方兵器城西北部，向南沿民族东路与110国道相交，过青昆两区分界线等重要节点与"主动脉"钢铁大街相交，是城区北部高速重要出口。见图5-13。

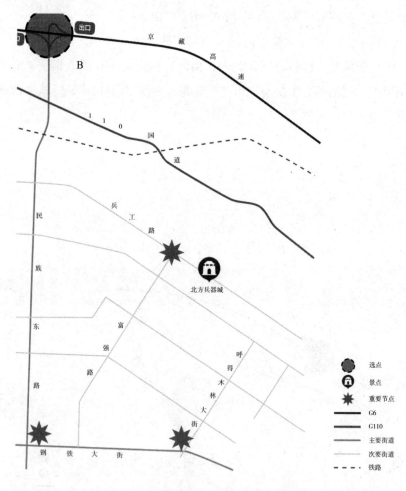

图5-13　兵器城、包头城区出口

3. 机场高速出口（西向）与机场高速入口（机场方向）

位于东河区，向东直抵包头机场，机场高速西向与 210 国道交会，向南过黄河大桥与包茂高速相连，向北直上与建设路相交过包头中心（包头市政府—建设路立交）继续北上与 110 国道、6 国道相交后连入包白公路，是城市南部高速的重要门户。见图 5-14。

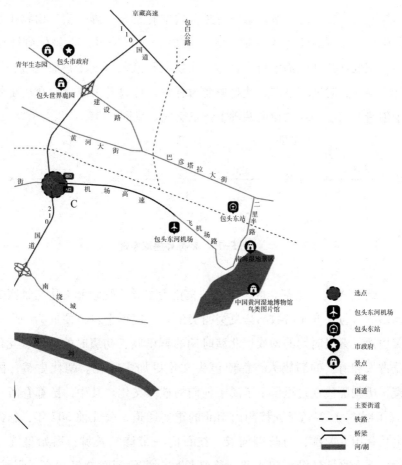

图 5-14　机场高速出入口

（二）基于城市意象与文化符号的动态解释

意象，即寓意之"象"，依据感官与认知感觉传递的信息，并在思维中形成被感知对象的客观形象。简单地说，就是用来寄托主观情思的客观物象。"意"是人类对于客观实在的"象"产生的意识与认知，实则是人类对所感知之物的非理性解释，"意象"即为二级存在。"象"则是不以人的意识为转移的客观实在，即为一级存在。"意"（二级存在）建立在"象"（一级存在）的基础之上又包含"象"，"意"与"象"的关系好比"情"与"景"的关系，意中有象，情中有景，一虚一实，由物生情、触景生情。根据总体意象提取元素，抽象为元素符号，再具体到雕塑设计中，完成从具体到抽象再到具体，从物象到意象再到新物象的过程，使设计贯穿人、时间、空间，使物象变为意象，意象升为意境，在历史的轨迹中创造新故事，在物象的基础上情景交融。见图 5-15。

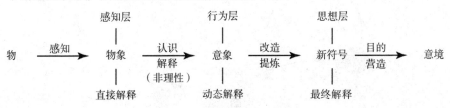

图 5-15　新符号提取原理

选点 A 位于昆都仑区，以钢铁文化为主导，受蒙元文化与景区文化共同影响。包头介于游牧与华夏文明交汇处，使得它自古便成为一个多民族聚居地。秦汉时期的匈奴、北魏时期的鲜卑族、初唐时的突厥、元代时的蒙古人和清代的满族人，都使包头文化更加多元化。朝代更替，民族兴衰，历朝历代在这里留下了属于他们的璀璨文化。其中，昆都仑河（史称"石门水"）谷道是连接阴山南北的重要通道，公元前 307 年，赵武灵王屯兵垦田九原郡，为防御匈奴，在石门一带修筑长城；秦始皇统一六国后，派大将蒙恬沿石门水北上修筑长城；汉元帝时胡汉和亲，昭君出塞，沿石门水北入匈奴；汉武帝亲率大军，出石门入大漠北登单于台；康熙年间，索额图赴俄谈判走的就是石门河谷，康熙帝二次亲征时噶尔丹曾派兵驻扎石门水库；雍正年间昆都仑召建城；乾隆二年（1737 年）才有了位于博托河边的包头村；嘉庆十四年（1809 年）包头成为镇；1926 年包头改为县；1953 年包钢选址在昆都仑河岸；1956 年包头市成立昆都仑区。昆都仑河见证了包头昆都仑地区千年的历史文明，从河谷堤畔的马嘶鹿鸣，响彻山谷的金戈铁马声，洁白的哈达喜迎四海宾朋，到钢铁飞溅的火红年代，以钢铁文化为主导的意象与"草原""游牧""塞北""融合"等公众意象共同作用在此。古时候，从南向北送去了蒙汉的交融，如今，从北向南带来了钢铁的时代，许许多多的历史故事在这里谱写，草原文明与钢铁时代的交融在如今延续。

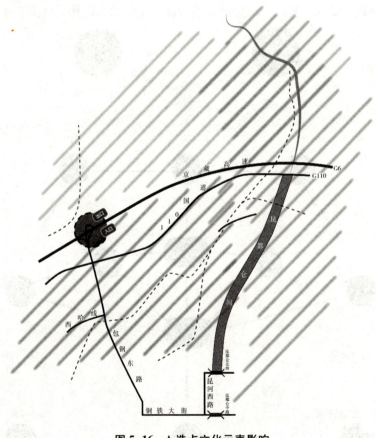

图 5-16　A 选点文化元素影响

　　首先结合区域意象把"蒙元文化"明确为"蒙汉交融"，把"自然风光"明确为"石门风景"，把"工业文化"明确为"钢铁文化"，这是对A选点提取出的文化的初步感知，得到了对这三种文化的"直接解释"，实际上这里的感知已经不是作用在最初的"物"上了。此前对包头市文化的挖掘分析已经是动态解释的过程，并得到最终解释——蒙元文化、自然风光、工业文化，这里对这三种文化进行动态解释是在前一轮符号提取的基础上的再提取，并首先化抽象为具体，通过对抽象的直接解释得到物象——钢铁、蒙汉、石门，然后再次进行新一轮的动态解释。见图5-17。

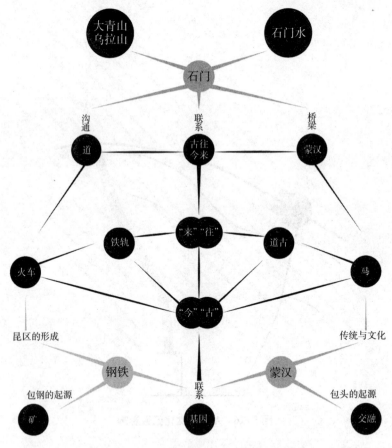

图5-17　基于钢铁、石门、蒙汉的动态解释

选点 B 位于青山区北方重工集团与北方兵器城西北方向。包头自古是兵家必争之地,这里屹立着赵长城、秦长城、汉长城、金长城、北魏长城,除明长城外,历朝历代所筑的长城都在包头留有遗迹。中华人民共和国成立后,在"一五"与"二五"计划间,包头陆续兴建了大型坦克制造厂——一机、大型火炮制造厂——二机、核燃料制造厂——二〇二厂等重工企业。作为国防军事之城,在地势上,包头市区背山面水,山北地势开阔,地广人稀,为武器实验提供了有利的自然条件。在资源上,包头北部

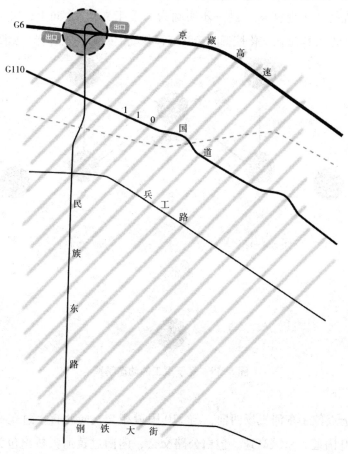

图 5-18　B 选点文化元素影响

有储量巨大的白云鄂博矿，过昆都仑河谷运进山南，兴建冶金、发电等大型国家企业，在能源与技术上有力支持军工发展。几十年来，包头充分开发军工文化特色旅游资源，着力培育打造以军工为主题的旅游区。并依托坦克、火炮等军事装备，发展多种体验活动，开发军事旅游纪念产品，打造我国最大的军工旅游体验基地。这使得以一机、二机、北方兵器城为核心辐射的包头市区北部，阴山山脉以南区域的公众意象——"塞北要塞""北疆重镇"等愈发突出。

首先把"工业文化"进一步明确为"军工文化"，同上，对"军工文化"的动态解释是在文化挖掘的最终解释基础上的新一轮解释。见图 5-19。

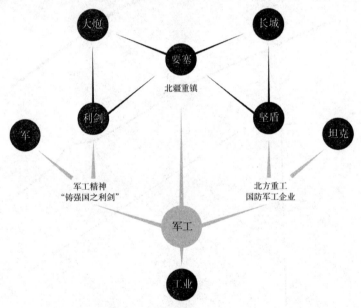

图 5-19 基于军工的动态解释

C 选点位于东河机场西向，与 210 国道相交，向北直上过包头市中心区与 110 国道、京藏高速、包白公路交会，向南过黄河大桥出包头市与包茂高速相连，是城市的重要门户。选点南临黄河、东临南海、北临包头新中心区，与包头世界鹿园相邻，西向与稀土高新区相连，汇集"西口文化""蒙元文化""自然风光"和"工业文化"于一身。包头老城区就是现如今的东河区，因其水运便利有"南海子"与"二里半"两个黄河渡口，近代的包头是以皮毛交易转运而逐步发展为连接黄河东西、阴山南北的西北最大货物集散地的。后来，山西商人"乔家"把包头商业发展至巅峰。随着矿藏的发现、铁路的通车，包头一跃成为西北最大的工业城市之一。

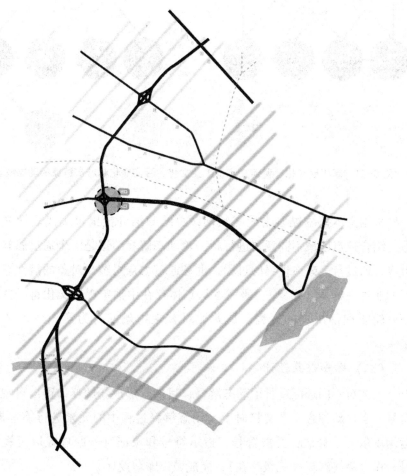

图 5-20　C 选点文化元素影响

影响 C 选点的文化主要有晋商文化、工业文化、黄河文化、鹿文化，C 选点为城市门户，且集多种文化于一身，可在此展现出城市总体意象

——鹿城、草原、草原钢城和水旱码头，然后在四种文化与城市意象的基础上对其进行新的动态解释。见图5-21。

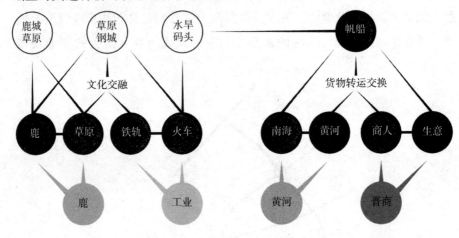

图5-21 基于鹿文化、黄河文化、工业文化、晋商文化与城市意象的动态解释

根据文本挖掘提取出的高频词，总结归纳分析出包头代表性文化符号，结合选点区域不同意象进行新一轮动态解释。这是一个通过感知认识世界，通过行为改造世界的过程，也是通过大众对客观对象的潜在意义进行的非理性解释（意象），研究者从具体存在中抽象提炼文化符号并进行新一轮非理性解释的过程，是人类对客观物象的行为意识活动产生的结果。

（三）雕塑形象设计

上文对不同选区进行了动态解释，目的是形成新解释，得出可视化新符号，予以新理念。下文将对上文动态解释过程中的元素进行筛选提取，运用皮尔士三分法：类象符号、指示符号和象征符号原理提取可视化符号，得出最终解释（三级存在），完成城市雕塑设计。

1. 包钢出口（京藏高速西向）与京藏高速入口（呼和浩特方向）

根据上文对 A 选点的动态解释提取设计元素，进而用三分法对元素进行提炼，形成可视化符号，对多个可视化符号进行合理解释（设计组合）完成雕塑设计。见图5-22。此设计以"古""今"为主体；以"钢铁文化"与"蒙汉交融"为核心；以"自然风光"为载体，通过非理性解释把众多元素联系在一起予以其新理念——包头的古往今来，使"意"通过不同的时间、空间，在人们的行为、思想共同作用下，逐渐形成新的公众之"意"，使"意"不断相互纠缠、相互叠加、相互吸引，目的是使雕塑不只是寄托主观思想的客观物象，而是能融入历史、文化（环境）之中成为公众之"意"的客观载体，与景产生交融，与人发生互动，使"意"存于"境"而非止与"形"。

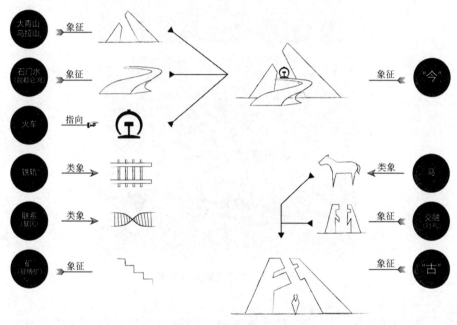

图 5-22　A 选点最终设计

图 5-23　A 选点雕塑效果图

2. 包头城区出口（京藏高速西向）与北方兵器城出口（京藏高速东向）

通过对上文 B 选点意象（动态解释）的提炼得到可视化新符号，予以其"'我'是国家的坚盾，铁马戎装镇守边疆；'我'是国家的利剑，时刻准备捍卫祖国；今日守望，日日皆此，尽忠职守，生死于斯"的服务人民、奉献国家的社会主义军工精神价值观。见图 5-24。

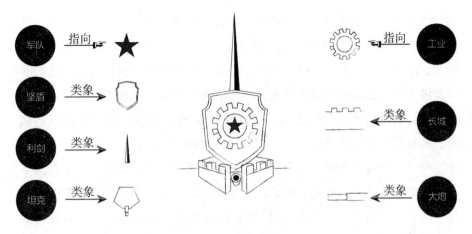

图5-24 B选点最终设计

图5-25 B选点雕塑效果图

3. 机场高速出口（西向）与机场高速入口（机场方向）

C选点动态解释中由四种大文化结合城市意象可解释为三个方面——草原之城、钢铁之城、交通枢纽，进一步解释、结合可体现出包头市总体意象——鹿城草原、草原钢城、水旱码头。雕塑设计以鹿城草原与黄河渡口环绕中的铁轨为外形。鹿围绕铁轨，脚踏草原奔向天空，寓意"鹿城包头"由于第二产业的兴起一跃成为内蒙古工业城市之首，并指向北方，那也是"包克图"与"草原"的起源方向；代表"黄河"的符号环绕铁轨而上，浪尖处一叶扁舟在奋勇航行，包头市从最初黄河渡口边的村子一步步发展至今，依靠便利的水运条件，逐渐成为西北最大的货物集散地，奋勇向前的帆船就像当年的晋商，不畏艰难险阻一步步把包头商业推向巅峰，没有晋商就没有东河区的今天，船帆航向指向东方，那正是"南海子"与"二里半"的方向；铁轨符号的运用意在表明，铁路为包头带来了工业，带来了发展，带来了希望，矿藏的发现伴随着铁路的开通源源不断地为包头工业的发展"输血"，所指的包头西方，是因工业的兴起而建成的新城区的方向。见图 5-26。

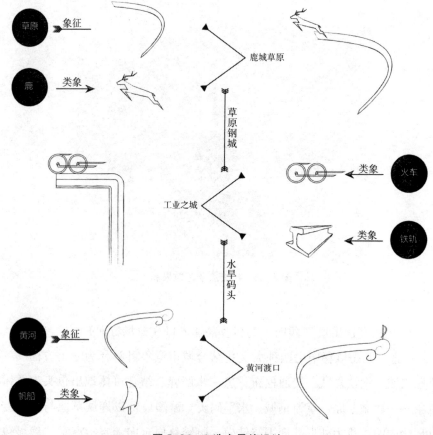

图 5-26 C 选点最终设计

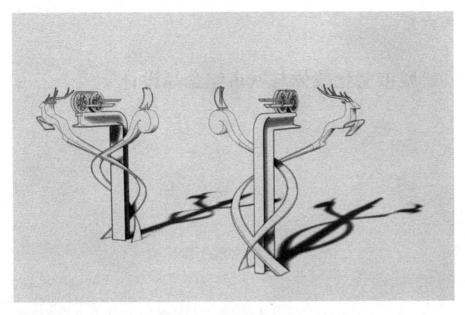

图 5-27　C 选点雕塑效果图

参考文献

[1] 花晶 . 中小城市视觉符号对提升城市形象的影响 [J] . 鄂州大学学报，2015，22（3）：51-52.

[2] 张雅妮 . 论包头城市文化特色的定位与塑造 [J] . 大众文艺，2011（8）：179-180.

[3] 王炜 . 包头工业化问题研究 [D] . 大连：大连理工大学，2002.

[4] 白海燕 . 关于构建和谐城市民族关系的思考——基于包头市民族关系的调查 [J] . 内蒙古统战理论研究，2016（5）：16-18.

[5] 李新昌 . 西部城市视觉形象的建构——以银川为例 [J] . 艺术科技，2017，30（10）：38.

[6] 任致远 . 关于城市文化发展的思考 [J] . 城市发展研究，2012，19（5）：50-54.

第六章

城市文化载体与城市纪念品设计

第一节 蒙古族图案研究

蒙古族图案是由蒙古族人民生活中常见的形态和吸收其他文化后渐渐演变形成的具有独特艺术形态和地域特色的图案。它给我们带来了对美的无限向往和精神上的极大寄托。宣传蒙古族图案，对蒙古族图案的传播有着极大的意义。以图案再创、重构的形式创新蒙古族图案，使其迸发出璀璨的光芒，可以更好地传播蒙古族文化，给用户带来深刻美好的体验。

一、蒙古族图案的文化内涵

图案在蒙古族文化中是一颗带有璀璨光芒的明珠，本身拥有开放性和包容性的特点。蒙古族图案在继承与发扬本地域图案文化的同时借鉴及吸收其他地区的优秀文化，将其他地区的图案文化变成发展自身的养料。从时间上看，蒙古族图案在继承北方草原文化时，在保持其原有造型特点的基础上又有着自己的创新。相较于早期游牧民族时期，元朝时期图案增加了以自然为主的描绘对象；对中原农耕文化、藏传佛教文化、伊斯兰文化等的吸收，使得蒙古族图案突破自身，向世人展现着生生不息的生命力。在蒙古族建立元朝的时代背景下，蒙汉民族的文化出现了相互交融的现象；藏传佛教的传入也将它的文化传入内蒙古境内，两者的文化在交融

148

时，很多属于藏传佛教的图案也流传到了蒙古族并受到蒙古族人民的喜爱与欢迎，尤其是盘肠纹。蒙古族人民身处广袤无垠的草原上，抬头便是蓝色的天空，这对蒙古族人民产生着影响，让蒙古族人民对蓝色有着特别的偏爱，而且让他们在构图风格上有着构图饱满、延绵不断的特点，预示生命永在的精神追求，饱含蒙古族人民对生命的渴望。

二、蒙古族图案寓意研究与创新设计

（一）蒙古族图案寓意类型

蒙古族图案的产生有其自己的特殊原因，远古时期的自然征服欲促使先民们崇拜自然，引发了图案纹样的创造，图案纹样的创造承载着美好的愿望。蒙古族图案蕴含着丰富的寓意，归纳起来主要有以下六项寓意：福寿祥瑞、求福纳吉、恩爱同心、繁荣昌盛、赞美期望、驱灾辟邪。在这六大类寓意中，每一大类寓意都有许多小的寓意。见图6-1。

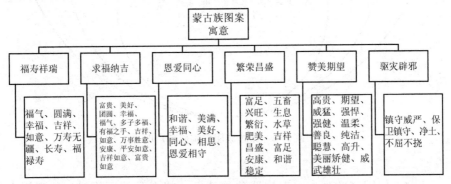

图6-1　蒙古族图案寓意分类图

（二）蒙古族图案构成方法研究

对蒙古族图案进行设计，首先要了解蒙古族图案的形态构成和组合方式。蒙古族图案的形态构成和组合方式是民族特点的展示，体现了独特的艺术效果，表达了民族内在的精神美。通过大量的文献资料查阅和实地调研，著者总结出了蒙古族图案的形态特点和组合形式。见图6-2。

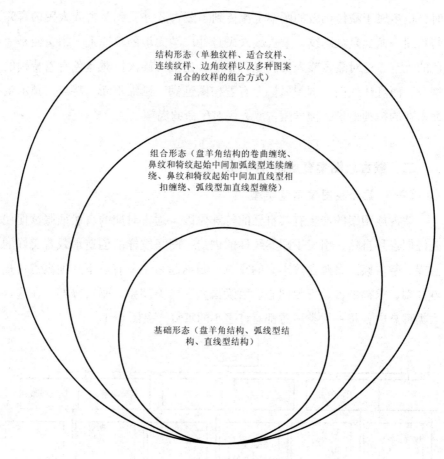

结构形态（单独纹样、适合纹样、
连续纹样、边角纹样以及多种图案
混合的纹样的组合方式）

组合形态（盘羊角结构的卷曲缠绕、
鼻纹和犄纹起始中间加弧线型连续缠
绕、鼻纹和犄纹起始中间加直线型相
扣缠绕、弧线型加直线型缠绕）

基础形态（盘羊角结构、弧线型结
构、直线型结构）

图6-2 蒙古族图案构成特点图

　　蒙古族图案的基本形态构造独具特色，特点是构图饱满，纹样图具有卷曲蜿蜒特色。蒙古族图案的基本构成元素（图案的基本构成元素是指构成图案及图形纹样的最基本要素与单位，依据一定构成形式进行不同的变化和组合，创造出丰富多彩的图案形式）形态主要有盘羊角结构、弧线型结构、直线型结构。犄纹、鼻纹、如意纹都是盘羊角结构的图案；盘肠纹、卷草纹、万寿纹都是弧线型结构的图案；回纹、方胜纹、交叉图案都是直线型结构的图案。蒙古族的基础形态之间经过卷曲和缠绕，就构成了组合形态的蒙古族图案。蒙古族图案的组合形态有四种：

①以鼻纹和犄纹为代表的盘羊角型图案之间相互卷曲缠绕；②以鼻纹和犄纹为起始，中间加入弧线型图案，它们之间连续不断互相缠绕；③以鼻纹和犄纹为起始，中间加入直线型图案，环环相扣、相互缠绕；④将多种形态的图案进行组合，如在弧线型图案和直线型图案之间进行组合。这四种组合方式构成了独特的蒙古族图案。蒙古族图案的基础形态与组合形态根据不同的构成方法进行组合，构成了蒙古族图案独特的结构形态，共有五种，如单独纹样、适合纹样、连续纹样、边角纹样以及多种图案混合的纹样。单独纹样简单方便，运用比较多，运用范围比较广，单独纹样与周围纹样不具备连续性，属于独立个体，它的结构形式主要有对称式和均衡式。适合纹样是受外形限制的纹样，适合纹样可以根据物体形体的不同来选择不一样的形式，适合纹样具体可以分为形体适合、角隅适合、边缘适合，形体适合上有对称式、均衡式、直立式、放射式、转换式、旋转式这些结构形态。连续纹样包括二方连续和四方连续两个类型，连续纹样能够不断循环、不断重复。边角纹样的构成形式一般为多个图案的勾连与缠绕。多种图案混合组合，使画面饱满丰富，不单调、不呆板。这类图案多数是有创作主体的，并且能根据材料以及周围环境来进行综合的组合和设计。

（三）蒙古族图案与寓意组合设计

在进行图案与寓意的组合设计前，要先确定寓意，根据寓意来选取图案，最后再选取合适的构成方式对蒙古族图案进行设计。通过前面对寓意的分类整理，著者总结出蒙古族寓意主要可分为六大类，首先在六大类寓意中选取寓意，然后选取寓意所对应的图案，最后选择蒙古族图案构成方法进行设计。经过设计构想，著者最后确定了两种设计方式。

1. 组合形态图案设计

选择蒙古族图案基础形态（蒙古族图案基础形态是蒙古族图案最基本的构成元素），根据蒙古族图案组合形态的特点来进行设计。见表6-1。

表 6-1　组合形态图案设计解析

	选择寓意：吉祥昌盛、如意、幸福美好 确定图案：犄纹（幸福美好、富足、安康）、卷草纹（水草肥美、吉祥、昌盛） 构成方法：以犄纹为起始，中间加入弧线型结构的纹样，组成完整的图案
	选择寓意：吉祥昌盛、如意、幸福美好 确定图案：卷草纹（水草肥美、吉祥、昌盛）、鼻纹（吉祥如意、幸福美好） 构成方法：以鼻纹为起始，中间加入弧线型结构的纹样，组成完整的图案
	选择寓意：吉祥昌盛、如意、幸福美好 确定图案：盘肠纹（幸福、美好、万事如意）、鼻纹（吉祥如意、幸福美好） 构成方法：以鼻纹为起始，中间加入弧线型结构的纹样，组成完整的图案
	选择寓意：吉祥昌盛、如意、幸福美好 确定图案：鼻纹（幸福美好吉祥如意）、交叉图案（幸福安康） 构成方法：以鼻纹为起始，中间加入弧线型结构的纹样，组成完整的图案

2. 结构形态图案设计

根据蒙古族图案结构形态的构成方法来进行单独纹样、适合纹样、连续纹样、边角纹样以及多种图案混合的纹样的设计，最后组成一张完整的图案。在设计之前，著者对选定图案的特征和图案的组合方式进行了构想，造型上按照蒙古图案构成特点，选择了适合图案组合、连续图案组合、边角图案组合。首先对中心图案进行寓意与图案的组合设计，然后对点缀图案也进行寓意与图案的组合设计，最后再对边角图案进行寓意与图案的组合设计。

【福寿祥瑞】

寓意选择：长寿、福气、吉祥、如意、万寿无疆

所对应图案：仙鹤（长寿）+云纹（如意）+寿字纹（长寿）+盘肠纹（幸福美好）+卷草纹（吉祥）+菊花纹（长寿）

图案设计构成：中心图案选用仙鹤和云纹构成单独纹样，盘肠纹和卷草纹勾连，以鼻纹为起始，与寿字纹卷曲缠绕作点缀图案。菊花以花瓣的形态作为角隅图案，卷草纹以二方连续的方法构成连续纹样为边缘图案。

【求福纳吉】

寓意选择：富贵、美好、平安、吉祥如意、幸福

所对应图案：龙纹（高贵、美好）+太阳纹（美好）+火纹（幸福）+如意纹（平安如意、吉祥如意、富贵如意）+葫芦纹（富贵、吉祥）+盘肠纹（幸福美好）+卷草纹（吉祥）

图案设计构成：中心图案由龙纹、太阳纹构成单独纹样，如意纹与葫芦纹以四方连续图案出现，加以盘肠纹和二方连续的回纹作点缀图案，盘肠纹与卷草纹的勾连与缠绕作角隅图案。

【恩爱同心】

寓意选择：恩爱相守、和谐、美满、幸福、同心、幸福、吉祥、如意、五福

所对应图案：喜鹊纹（恩爱相守）+梅花（五福）+蝴蝶纹（和谐、

美满幸福）+莲花纹（和合）+月季花纹（幸福）+云纹（如意）+卷草纹
（吉祥）

　　图案设计构成：中间以喜鹊和梅花为单独纹样，喜鹊与梅枝的组合寓
意喜上眉梢，蝴蝶纹、荷花纹、月季花纹、云纹以四方连续图案的形式出
现作点缀图案，卷草纹与月季花纹的勾连作角隅图案。

　　【繁荣昌盛】

　　寓意选择：兴旺、富足、昌盛、生息繁衍、万事胜意、五畜兴旺、富
裕、水草肥美、吉祥、如意、幸福、美好

　　所对应图案：牛纹（兴旺、富足）+鼻纹（幸福美好）+云纹（如意）
+回纹（吉祥、安康）+马纹（万事胜意）+骆驼纹（五畜兴旺、富裕）+
山羊纹（吉祥、如意、幸福、富足）+绵羊纹（吉祥、如意、幸福、富
足）+卷草纹（吉祥）+如意纹（吉祥如意）

　　图案设计构成：中心图案用牛纹作单独纹样，加以鼻纹、云纹、回纹
装饰，马纹、骆驼纹、山羊纹、绵羊纹分布在四周。四方连续的鼻纹、卷
草纹与荷花纹的勾连作点缀图案。卷草纹与鼻纹的勾连作角隅图案。

　　【赞美期望】

　　寓意选择：温柔、善良、幸福、美好、吉祥、如意

　　所对应图案：水仙花纹（幸福）+鼻纹（幸福美好）+云纹（如意）+
蝴蝶纹（温柔、善良）+卷草纹（吉祥）

　　图案设计构成：水仙花纹与鼻纹勾连作中心图案，云纹与蝴蝶纹四方
连续作点缀图案，卷草纹与云纹的勾连作角隅图案。

　　【驱灾辟邪】

　　寓意选择：保卫镇守、如意、吉祥、净土、斩除妖魔

　　所对应图案：狮子纹（保卫镇守）+云纹（如意）+鼻纹（吉祥如意）
+卷草纹（吉祥）+莲花纹（净土）+宝杵纹（斩除妖魔）

　　图案设计构成：狮子纹与云纹组合成单独纹样，鼻纹、卷草纹与莲花
纹勾连以及宝杵纹与鼻纹组合作点缀图案，莲花纹与卷草纹的勾连作角隅
图案，二方连续的卷草纹作边缘图案。

根据图案的需要可进行不同的颜色搭配。见图 6-3。

图 6-3 构成形态图案设计

三、蒙古族创新图形应用与城市纪念品设计

图 6-4　蒙古族创新图形应用

第二节　蒙古族的图腾图案创新与纪念品设计

蒙古族的图腾起源可追溯到原始社会时期，当时的狩猎先民怀着好奇敬畏的心情将他们崇拜或困惑的现象以图形符号的形式刻在石壁上，便有

了最早的图腾符号。随着母系社会的到来和原始宗教的出现，图腾成为不同婚姻氏族和宗教信仰的标志。不同的图腾氏族间进行通婚，氏族血统以母系血统为准，图腾也由母系来继承。人们通过利用这样的氏族规定和宗教神灵信仰，举行通婚、供奉、祭祀、殉葬等仪式，来维系氏族间的和平团结，并期盼得到神兽庇佑。图腾崇拜观念也随之逐渐发展壮大。蒙古族的原始氏族崇拜自然和神灵，因此图腾图案类型众多，有植物纹样、动物纹样、自然纹样等。

在蒙古族图腾文化发展的过程中，苍狼和白鹿图腾占有重要地位，其文化寓意和形态特征随着历史演变而不断变化丰富，为蒙古族图腾文化增添了绚烂的一笔，值得深入研究。

狼图腾基本上是先民们的共同信仰，鹿图腾也常被视为重要的艺术题材，原始氏族部落和萨满教的神灵观都将狼、鹿视作图腾来崇拜。后来蒙古族人民继承了先民的图腾崇拜思想，同时受神话传说的影响，对狼和鹿格外敬爱。它们给人们提供了图腾崇拜的理论依据，在一定程度上满足了先民对人类起源的幻想。人们为了表示尊重和纪念，将图腾符号应用在各式器物上，包括宗教法器、民族服饰、寺庙佛龛、武器、剪纸、青铜器、陶器、玉器等。因此图腾图案的造型风格逐渐生活化，也使图腾文化更加深入人心。

一、"苍狼""白鹿"的文化寓意分析

苍狼和白鹿最早分别作为不同氏族的图腾出现，由于氏族间的通婚、冲突，使图腾形式发生转变，历经历史长河的更替推演，其文化底蕴不断地沉淀积累，久而久之，苍狼和白鹿图腾被传承发展起来，其文化寓意深厚，成为蒙古族图腾文化中不可或缺的一部分。

（一）"苍狼"的文化寓意

与"苍狼"有密切关联的族群当属突厥部落，突厥自称"狼种"，对狼一直都存在认同心理，他们用狼母传说来描述部落起源，人们在很早之前就对狼有了崇拜观念。他们奉狼为部落图腾，说明狼在当时人民的心中

是强大的心灵支撑。在《典论》中汉武帝称"刈单于之旗，探符离之窟"，符离与突厥语中的附离（bori）相对应，是狼的意思，匈奴可汗以狼作为自己名字，这不仅是勇士强者之称，更是在彰显威势，强调皇权。

蒙古族深受狼文化的影响，蒙古族人民对狼有着特殊的民族心理，狼群顽强拼搏、团结坚韧的品格深深地影响着蒙古族人民，也造就了他们的民族精神。因此成吉思汗的守卫被称为"赤那思部落"，"赤那思"是"狼"的复数形式。成吉思汗还曾在围猎时下旨，不可猎杀狼，要对图腾"神兽"加以保护，由此更能看出他们对狼的重视和爱戴。

（二）"白鹿"的文化寓意

鹿的种类多，繁殖能力强，是狩猎人民的衣食来源，鹿的毛皮、血肉和骨骼都有很高的利用价值，因此人们对鹿产生了原始崇拜意识。最具代表性的是以狩猎为生的鲜卑族，《魏书》中提到，鲜卑族先民历经艰难险阻，终于在"神兽"的指引下，成功地从森林迁移到草原。这里的神兽外形像马，声音像牛，据专家推断，指的是鹿的一种——马鹿。鲜卑人把此"神兽"称为白驳，白驳有图腾之意，是鲜卑族崇拜鹿图腾的有力证据。

鹿在萨满教中被认为能显灵，可以辟邪驱灾，是与天地沟通的使者，将鹿头和鹿角作为祭品供奉是原始部落里的宗教习俗，为的是让"神兽"保佑部落平安。他们对鹿的崇拜还体现在巫师神服上，萨满巫师的帽子上装饰着铁鹿角，鹿角越长，分叉越多，代表巫师的地位越高；萨满"神衣"是用整张鹿皮制成的，在衣服周边还会镶一圈鹿毛，礼器和法鼓上也画有鹿的形象。

二、苍狼、白鹿的载体类型以及形态特征的演变脉络

在图腾文化不断延续发展的过程中，承接苍狼、白鹿图腾的载体类型在不同的历史阶段，其材料工艺、形态特征、寓意象征方面也呈现出规律的演变过程。草原人民对狼一直存在着矛盾的感情。一方面，狼是草原上最凶猛的动物，把狼当作图腾能激发士气，威慑外敌；另一方面，狼群攻击羊群，经常威胁人们的生活。因此在搜集资料时，发现狼大多以精神层

面存在，只在匈奴、突厥和蒙古时期能找到有关器物载体方面的文化遗
存。见表6-2。

表6-2 "苍狼"的载体类型及形态特征演变表

年代	案例名称	图片	材料工艺	造型特点	寓意象征
匈奴 （秦末 汉初）	飞狼造型		铜雕像	造型呈半坐姿势，尾巴反转朝上，外露獠牙，一条前腿抬起	飞狼是匈奴时期较典型的艺术作品，用来辟邪
	狼纹装饰		铜/金质饰牌，雕刻工艺	躯肢前伸，多见于动物咬斗状	炫耀财富地位
突厥 （隋唐）	狼头纛		纯金铸造	狼头放置在旗杆上，下方连接一条飘带	代表军队部落，标志突厥可汗所在，是皇权的象征
	狼头碑		石碑雕刻而成的母狼浮雕	两只狼将身体拱起呈半圆状，狼头下垂	突厥母狼族源传说的标志之一
蒙古 （元代 以后）	狼牙、髀石		狼牙、蹄腕骨，两打磨后包银制成吊坠	狼的骨骼造型，与其他材质的装饰纹样结合	代表狼灵魂的栖息地，是信用、勇气、能力的象征
	狼头挂毯、皮画		织造工艺	狼头形象逼真，具有装饰性和欣赏性	对狼崇拜的体现

　　鹿自狩猎时代起就有着重要的地位，人们总幻想着能拥有鹿一样强大
的生存本领。鹿图腾不仅是独具草原气息的传统文化，更是原始宗教信仰

和神灵崇拜的历史遗存。从史前到明清，鹿一直是古代草原的文化象征，鹿形象的也不断朝着写实化、纹饰化、艺术化的方向发展。见表6-3。

表6-3 "白鹿"的载体类型及形态特征演变表

年代	案例名称	图片	材料工艺	造型特点	寓意象征
新石器时代	岩画		在石头上刻画图案符号	形态简单、夸张，表现生活	对自然力量的崇拜
	神兽纹陶器		夹砂陶，压印工艺，刻画纹饰	陶器腹部装饰双鹿纹，呈腾飞状，采用写实的艺术手法	是宗教祭祀的礼器和陪葬品，象征着人们的宗教信仰和尚鹿情怀
	盆形陶器、直筒陶罐		彩绘陶，施纹彩绘	刻画黑彩鹿纹和奔鹿纹	
	鹿形玉		玉器，切割打磨，雕刻成型，钻孔施纹，抛光	造型简练	
青铜时代（商代晚期）	鹿石		石器，敲凿雕刻而成	形状多为圆形或长方形石柱，雕刻鹿纹	是宗教祭祀的礼器和陪葬品，象征着人们的宗教信仰和尚鹿情怀
	卜骨		鹿胛骨，使用灼、钻等方法制作	鹿胛骨原型，萨满用鹿胛骨占卜凶吉	
	青铜兵器、鹿形配饰		青铜材质，雕刻工艺	铜刀剑首处雕刻鹿头，在剑柄和饰牌上面装饰鹿的写实纹样	鹿崇拜和日常器物与外来文化相结合，使鹿的文化寓意逐渐丰厚，体现了北方民族对鹿的依赖和他们豪放的性格

年代	案例名称	图片	材料工艺	造型特点	寓意象征
鲜卑（北魏）	郭落带		用金打造，雕饰工艺	刻着三鹿纹	鹿崇拜和日常器物与外来文化相结合，使鹿的文化寓意逐渐丰厚，体现了北方民族对鹿的依赖和他们豪放的性格
	桦皮器皿		桦皮，用火烤完以衔接、刻画、烫花、绘彩、镂空、镶嵌等方式加工图案	实用性和艺术性	
	鹿纹瓦当		泥质灰陶烧制而成	造型呈奔腾昂头状态	
契丹（辽）	围鹿棋		木雕工艺	体态各异，具有娱乐和欣赏价值	
蒙古（元代以后）	剪纸		纸艺	经常运用鹿图案，题材类型广泛，风格夸张	
	瓷器		瓷土烧制，抛光研磨，手工上釉	与中原文化的吉祥图案相结合	
	法轮与鹿雕像		铜镀金	两只鹿跪在法轮两侧，仰头望向法轮，纪念佛祖在野鹿苑初次传经	是藏传佛教的标志，象征流转法轮
	查玛面具		绸缎服饰，中砂土、胶泥、糨糊制作面具模子、然后上色	佛教与萨满巫舞结合，舞者戴面具舞蹈，具有强烈的宗教艺术气息	赶走心魔，得佛祖庇佑

三、图腾图案的审美特征与图案衍生

（一）图腾图案的审美特征

蒙古族图腾的组成元素是图腾符号和其他类型的图案搭配出现的，在图腾图案由意向形的发展过程中，历史文化与图腾形象不断地进行解构、重构、融合，促使图腾图案形成了风格独特的审美特征。在原始狩猎时代，图腾造型夸张饱满，风格神秘，受传统宗教萨满教的影响，图腾色彩厚重，结构严谨，形态稳定。进入草原游牧时代，受中原因素、汉文化的影响，图腾逐渐被用于器物用品和服饰中，有着浓厚的生活气息，同时视觉形象也更加丰富。藏传佛教传入后，蒙古族图腾吸收运用了佛教对于真善美和佛性的理解和情感，使图腾散发着一种追求自然平衡、热情大胆、期盼圆满长久的艺术风格。

如今，要想更好地传承蒙古族图腾文化，既要保留图腾图案的韵味，又要融入现代图案设计的理念，将图腾图案进行创新性思维重构，把国潮插画设计理念融入新图案的表现风格当中。所谓国潮风格，就是具有当下流行特色，符合大众审美，且必须结合传统文化进行再设计的风格。国潮图案构图饱满，配色大胆、鲜艳明亮，这些都与苍狼、白鹿图腾再设计的含义和思想相吻合，借助这样的共性和风格来整合完成创新图案设计，传承发展图腾文化，能让蒙古族图腾在包容和创新中越走越远。

（二）图腾图案的衍生创新

1. 图案元素的提取和解构

在对苍狼和白鹿图腾文化进行研究后，我们紧接着要做的就是提取传统狼鹿形态的图案元素，利用解构分析方法，得到新素材，为图案重构与创新的多种表现可能性做准备。

将苍狼和白鹿定为主体图案。结合上述研究，将狼鹿图腾的历史发展进程分成四个图腾文化表现力最强的时期，分别是原始时代（史前狩猎）、战争时代（秦汉到唐）、交融时代（唐到元）、繁荣时代（元以后）。依据不同时期的历史文化寓意，从自然文化、宗教文化、民族文化三个角度，构思苍狼和白鹿的拟人化形象轮廓，配合图形创意思维法，对苍狼、白鹿

的具体形象特征进行想象发散，搜集更多的图案元素，充分地展现苍狼、白鹿图腾文化的发展脉络。分别归纳为以下何种形象。

（1）原始时代：母系社会时期，先民们崇拜自然，以狩猎为生，氏族内男女分工明确，男人负责打猎，女人负责将男人打来的猎物烤熟。因此狼是拉弓射箭，准备打猎的形象，鹿是手举火把，准备烧烤食物的形象。服饰上追求原始淳朴，穿兽皮衣物。

（2）战争时代：秦汉时期，草原部族纷纷扩张领土势力，战争不断，每次出征前都会请族内的巫师长老举行祭祀仪式，祈求战事顺利，平安得胜归来。因此狼是身披铠甲，手持长矛和盾牌的骑兵武士形象；鹿是萨满巫师拿着法鼓和法铃占卜祈祷的形象。

（3）交融时代：成吉思汗统一了蒙古各部，建立元朝，蒙古族的强大使其他北方民族不敢侵犯，百姓安居乐业；藏传佛教传入并与本土文化交融。因此狼是身穿龙袍，身后挂着蒙古钱币，彰显皇权和财富的形象；鹿是身穿藏教佛衣，戴着念珠，半揭查玛面具的形象。

（4）繁荣时代：成吉思汗称自己是苍狼和白鹿的子孙，专家也考证当时确有两个以狼鹿为图腾的蒙古姻族部落西迁的史实。因此狼鹿是延续苍狼、白鹿的传说，代表氏族通婚和美好幸福的形象。

将拟人物形象轮廓和图案元素归纳之后，利用解构方法将这些图案元素拆解、分割，得到了多种既有新的形象特征，又保留原本文化含义的新素材。

2. 图案的重构与创新

接下来的图案设计，要同时运用到同构和重构两种方法，而最关键的就是要围绕图案设计的中心思想，从这些已完成解构的新元素中筛选出最有意义的、最有显著特征的图案，加之联想和想象，结合国潮插画设计风格来进行布局同构设计，完成全新的图案。

将苍狼、白鹿的新素材和想表达的文化寓意以比喻方式进行同构，得到苍狼、白鹿全新的拟人化形象特征。依据传统图腾图案的组合方式，在完成主图设计的同时，选取辅助图案加以装饰。对自然图案、吉祥图案、几何图案、图腾图案进行整理，从中提取出与自然、宗教、氏族等关联性强的，且与主图寓意相符的辅助图案。包括：①自然图案：云纹、火纹、水纹、山纹、龙纹、卷草纹；②吉祥图案：盘肠纹、宝相花纹、莲花纹、喜纹、如意纹；③几何图案：回纹；④图腾图案：日纹、月纹。将辅助图案用重构法交错、对称、打散、重复使用，以连续纹样、适合纹样、边框纹样的形式填充在方框内；把已完成的主图以单独纹样的形式布局填充。见表6-4。

在整个重构整合的过程中，最重要的还是要有创新性，这也是图案衍生必不可少的条件之一。在完成新元素和布局同构之后，继续延续国潮风格，将潮流元素与图案设计融合重构，传达新时代的图案寓意，产生不一样的视觉冲击，便于用现代理念更好地传播图腾文化的思想感情。见图6-5。

表6-4 图案元素布局构图表

主题	形象特征/单独纹样		适合纹样	连续纹样	边框纹样
原始时代	狼	男人拿弓箭打猎的形象	云纹、月纹	盘肠纹、卷草纹组合形成四方连续，多次重复后，填充在边框内	回纹和卷草纹缠绕形成角隅纹样
原始时代	鹿	女人烧烤食物的形象	云纹、日纹		
战争时代	狼	军队扩张，参与战争的形象	山纹、云纹、火纹		
战争时代	鹿	萨满祈求和平的形象	山纹、云纹、水纹		
交融时代	狼	彰显财富、地位的形象	云纹、龙纹、如意纹和卷草纹勾连		
交融时代	鹿	与藏传佛教相融合的形象	云纹、莲花纹、盘肠纹、如意纹		
繁荣时代	狼	苍狼、白鹿氏族通婚的形象	回纹、喜纹、卷草纹、宝相花纹、云纹		
繁荣时代	鹿	苍狼、白鹿氏族通婚的形象	回纹、喜纹、宝相花纹、卷草纹、云纹		

图6-5 创新图案效果全览图

四、苍狼、白鹿城市系列纪念品设计

图6-6 苍狼、白鹿城市系列纪念品设计

参考文献

［1］哈日巴拉.蒙古族图案图形在艺术设计民族化中的创新运用［J］.内蒙古艺术，2011（2）：82-85.

［2］包海青.蒙古族族源传说比较研究［D］.北京：中央民族大学，2007.

［3］康建春.蒙古族图案艺术探讨［J］.美术大观，2007（11）：74-75.

［4］高俊虹.神圣与吉祥——蒙古族图形符号研究［J］.内蒙古师范大学学报（哲学社会科学版），2013，42（2）：18-21.